LA VIE QUOTIDIENNE DES FRANÇAIS
SOUS NAPOLÉON

Jean Tulard enseigne l'histoire du Premier Empire à l'Université de Paris-IV et à l'Ecole pratique des Hautes Etudes. De ses premiers articles dans la *Revue de l'Institut Napoléon* à sa thèse de doctorat *(Paris et son administration, 1800-1830)*, ses nombreux travaux renouvellent notre vision de cette période. Ils ont porté sur les sources *(Bibliographie critique des Mémoires sur le Consulat et l'Empire)*, les institutions *(Lettres inédites de Cambacérès à Napoléon; Atlas administratif du Premier Empire)*, le Paris impérial *(Nouvelle Histoire de Paris : Le Consulat et l'Empire)*, la légende *(Le Mythe de Napoléon)*. Jean Tulard a reçu le Grand Prix national d'Histoire en *1977*.

JEAN TULARD

La Vie quotidienne des Français sous Napoléon

HACHETTE

PRÉFACE

Sous Napoléon, les Français sont Italiens, Suisses, Allemands, Belges, Hollandais ou même Catalans. Commencées pendant la Révolution, les annexions ont repoussé les frontières de la France au Rhin, aux Alpes et aux Pyrénées. Emportées par l'élan de la victoire, les armées de la Révolution et de l'Empire ont franchi ces barrières naturelles dont les rois avaient fait, depuis Richelieu, dit-on, l'objectif constant de leur politique extérieure. Les aigles impériales sont plantées à Rome et à Hambourg, à Barcelone et en Illyrie. Turin et Gênes, Florence et Sienne, Parme et Rome sont villes françaises, comme Trêves, Coblence, Aix et Mayence, Genève et Bruxelles, Luxembourg et Amsterdam. 750 000 km², près de 130 départements (si l'on tient compte de l'organisation spéciale de la Catalogne), 44 millions d'habitants, tel se présente l'empire du premier des Napoléonides.

En décrire la vie quotidienne tient de la gageure. Cette vaste marqueterie de langues, de patois et de dialectes, cette mosaïque de peuples et de nations, cet ensemble territorial dépourvu de passé et de traditions, ne tire son unité que de la volonté du maître.

Aucun point commun entre le Zuyderzée et le Latium, le Valais et la Bretagne, la rive gauche du Rhin et les provinces illyriennes, sinon les ordres venus de Paris, et encore quand ils parviennent. Il y a une vie quotidienne de la Belgique, évoquée par Jean Catelain dans cette collection, et une vie quotidienne de Rome qui fit l'objet d'un livre de Louis Madelin. L'ancien consul Lebrun est à Amsterdam et Charles Nodier à Trieste, le comte de Puymaigre à Hambourg et l'obscur Duviquet à Cassel. A travers leur correspondance ou leurs Mémoires, comment ne pas entrevoir des genres de vie différents ?

Au demeurant, cet empire fut éphémère, même si l'empreinte napoléonienne, celle du Code civil notamment, devait apparaître en définitive plus profonde que ne l'avaient cru les contemporains. Il ne restait en 1815, après le second traité de Paris, que les départements formant ce que nous appelons aujourd'hui *l'Hexagone*. Les défaites avaient emporté ce que les victoires avaient apporté. C'est à cet Hexagone que se limite le présent ouvrage. On y trouvera néanmoins un chapitre sur les Français « hors de France », destiné à rappeler la prodigieuse expansion de l'empire napoléonien.

La courte durée de cet empire ne permet guère de distinguer des évolutions, mais simplement de figer un moment de l'histoire quotidienne. Moment décisif toutefois, celui où se consolide grâce au Code civil, à la législation commerciale et minière et à la montée de la rente, le pouvoir des notables, de ceux que l'on n'appelle plus comme sous l'Ancien Régime et pas encore comme le fera la Monarchie de Juillet, des *bourgeois;* on préfère alors employer le mot de *pro-*

priétaire. Héritée de la Révolution, sacrée à Notre-Dame en même temps que Napoléon, défendue par le droit et les gendarmes, la propriété est la base de la société napoléonienne, le mot clef de la période. Un propriétaire est plus qu'un maréchal puisque tout maréchal n'aspire qu'à être propriétaire. Stendhal qui approcha les vainqueurs d'Austerlitz et de Wagram, mais qui n'est pas toujours au demeurant un témoin impartial, affirme : « C'étaient des gens songeant toujours à ce que chaque blessure leur apporterait en dotations et en croix ».

Faisons plaisir à M. Beyle. La gloire est absente de ce livre; la routine et la grisaille en sont le trait dominant. Napoléon n'y paraît guère. Son armée est en Allemagne, en Espagne ou en Italie; de l'épopée, l'Hexagone ne connaît pour l'instant que les charrois militaires, quelques rixes dans les villes de garnison, les bulletins de victoire dont la lecture est obligatoire, et surtout le tirage au sort qui fournit à l'Empereur, de dieu solaire devenu ogre après 1809, son contingent de soldats.

Les héros de l'aventure napoléonienne sont ici des cultivateurs et des employés, des artisans et des commerçants, des conscrits et des brigands.

PREMIÈRE PARTIE

LA FRANCE IMMOBILE

« Lorsqu'il ne vit plus, la colline
passée, le clocher de l'église de son
village, le conscrit Daniel Duffard, de
Pierre-Buffière, se mit à pleurer et
voulut rentrer chez lui. »

*(Archives départementales
de la Haute-Vienne.)*

La France de Napoléon est encore — et pour plusieurs décennies — une France à majorité paysanne : plus de 85 % des habitants vivent à la campagne. L'agriculture est la ressource principale du pays : « Il n'en est pas de la France, écrit Pradt, comme de tant d'autres nations dans lesquelles l'industrie, luttant sans cesse contre l'inclémence habituelle des saisons et l'âpreté du climat, est circonscrite dans les limites qu'elle ne peut franchir. Là, la nature ne cède qu'aux efforts combinés de la richesse et de l'art, au lieu qu'en France, la culture, sous les regards d'un soleil toujours fécondant, semble plutôt *jouir* que *s'efforcer* sur un sol doué de tous les attributs de la fertilité. »

La terre reste le fondement de la société. Ce n'est pas la propriété urbaine ou le dépôt bancaire qui déterminent la considération sociale, mais le domaine rural. Les droits féodaux ont été abolis, les privilèges qui s'attachaient à la possession de la terre ont disparu, le prestige social est resté intact.

Cette France rurale est une France immobile, entendons une France dont l'horizon se borne au clocher de l'église et aux limites du terroir. Sans sous-estimer l'importance des migrations saisonnières et le dur arrachement au sol natal que représente la conscription, constatons que cette France ne voyage pas, vit repliée sur elle-même.

France immobile, mais France qui change : la propriété paysanne s'est accrue et le cadastre consacre cette expansion; les droits féodaux ont disparu et l'impôt se fait plus juste, tandis qu'une conjoncture à la hausse favorise l'enrichissement des campagnes et laissera, en dépit des réquisitions et des levées d'hommes, le souvenir d'un « âge d'or » pour la paysannerie française.

Monde immobile mais d'une étonnante diversité. Il faudrait distinguer les plaines qui s'étendent du Nord de la France à la Haute-Normandie : champs sans clôture et vallées marécageuses, grandes fermes et petites exploitations auxquelles l'artisanat rural accorde un surcroît de ressources; les plateaux de l'Est couverts de forêts; le bocage de l'Ouest qui continue à cacher d'anciens Vendéens et chouans devenus brigands; le Val-de-Loire à l'inégale fertilité; le sillon rhodanien influencé par l'agglomération lyonnaise en plein essor; le Sud-Ouest où domine le métayage; les régions montagneuses du Centre qui semblent avoir ignoré la Révolution; le littoral méditerranéen enfin où le danger barbaresque a fait place aux menaces de débarquement anglais.

14

A la peinture de ces différences régionales, il a paru préférable toutefois de substituer une description des traits communs à la masse rurale qui forme alors la population de la France[*].

* A la recherche de l'identité du Français, l'administration lance enquête sur enquête (cf. M.-N. Bourget, « L'anthropologie préfectorale en 1800 : l'image officielle de la France en 1800 », *Annales*, 1976, pp. 802-821). A qui veut avoir une image du Français sous Napoléon, signalons, à côté des archives de la conscription, exploitées par Le Roy Ladurie, Houdaille, Bois... l'intérêt présenté par les passeports qui donnent un signalement complet (couleur des yeux et des cheveux, taille, forme du visage, etc.).

CHAPITRE PREMIER

LE TEMPS

La vie paysanne s'écoule au rythme des saisons, annoncée par les almanachs que vendent les colporteurs.

Voici le tableau qu'en propose en l'an XI l'*Annuaire du département de l'Ardèche* :

Commencement de l'automne, le 1er vendémiaire, à 7 heures 26 minutes du soir, temps apparent au méridien de Privas.

Commencement de l'hiver, le 1er nivôse à midi 9 minutes.

Commencement du printemps, le 30 ventôse à une heure 38 minutes du soir.

Commencement de l'été, le 3 messidor à 11 heures 20 minutes du matin.

Les paysans n'en ont guère besoin, eux qui se fient davantage aux changements de la végétation. Mais l'almanach indique aussi les éclipses. « Il y aura cette année, annonce l'*Annuaire du département de l'Ardèche* pour l'an XI, deux éclipses de soleil, l'une le 2 ventôse, l'autre le 29 thermidor. Il n'y en aura aucune de lune. »

Quelques prévisions météorologiques simples :

Les circonstances dans lesquelles arriveront les nouvelles lunes du 2 ventôse, du 2 germinal et du 1er floréal sont telles qu'il doit en résulter de fortes marées. Les vents ne sont, dans le fond, que les marées de l'atmosphère modifiées par l'effet de la chaleur, de l'évaporation, etc. Il est donc très probable que ces nouvelles lunes seront suivies de grands vents du nord qui pourront occasionner du froid et des gelées tardives.

Les heures de lever et de coucher du soleil sont enfin indiquées avec précision.

L'heure

En fait, dans les campagnes, « la grande majorité de la population vit hors du temps mesuré, divisé en heures. Les trois sonneries des cloches suffisent à rythmer le travail, l'angélus du matin et du soir servent de repères essentiels[1] ». La montre est un objet rare, réservé aux citadins; les horloges commencent à se répandre dans le mobilier campagnard, mais les cadrans solaires restent fort utilisés. On se sert aussi des horloges hydrauliques:

Ces clepsydres consistent en une boîte d'étain ronde, divisée en sept compartiments, dont les cloisons sont percées d'un petit trou qui laisse échapper l'eau goutte à goutte. Cette chute successive de l'eau d'un compartiment dans l'autre fait descendre graduellement la boîte entre deux montants le long desquels sont inscrites les heures que sa progression sert à indiquer[2].

Aux rythmes naturels des journées et des saisons s'ajoute le rythme des semaines. Le repos du dimanche est dans l'ensemble bien observé. Il est d'ailleurs redevenu officiel après la signature du Concordat. Le dimanche est le jour de détente, celui des jeux et des bals, où l'on fait connaissance de ferme à ferme, de village à village. Le respect des fêtes religieuses n'a pas été entamé par la déchristianisation. Il constitue un répit indispensable dont l'Eglise dans sa sagesse avait compris la nécessité. Les foires sont aussi l'occasion d'une brève détente: leur importance est consacrée par la place que leur accordent almanachs et feuilles régionales.

La journée de travail

La journée de travail commence avec le lever du soleil. Mais selon certaines enquêtes, la coutume veut que les ouvriers agricoles se réveillent avant le jour pour battre les grains dans la grange. Le travail des champs s'achève le plus souvent à la tombée de la nuit, après une pause vers midi.

Certes, l'hiver entraîne un ralentissement des activités, encore que la petite industrie rurale, textile principalement, vienne apporter un complément de ressources. De toute façon, à l'époque de la moisson ou à celle des vendanges, la durée de la journée paraît, de l'aveu de beaucoup, excessive. Métayers et fermiers doivent compenser par leur travail la routine des techniques. Si l'homme ne chôme guère, la femme ne doit pas être oubliée. Ne combine-t-elle pas une activité ménagère (plus réduite, il est vrai, qu'à la ville) avec les travaux des champs ? La pénurie des domestiques agricoles due aux demandes croissantes en soldats, l'oblige en effet à aider son mari dans les besognes les plus dures. Les enfants eux-mêmes, dès leur plus jeune âge, sont utilisés à la garde des troupeaux, à l'entretien du poulailler et à de petites activités.

« L'âge où les enfants commencent à être utiles dépend de leur éducation physique », écrit l'abbé Marchand qui poursuit : « Dans les deux communes de Rahay et Valennes, les enfants sont occupés dès l'âge de six ans; dans ces premières années, on leur fait conduire les bestiaux aux pâturages, ramasser de l'herbe, des feuilles, porter de petits fardeaux, promener les plus jeunes de la famille, les garder pendant que les mères sont occupées au ménage. Depuis dix ans jusqu'à quatorze ou quinze, ils conduisent les bestiaux à la charrue pendant que le père laboure, ou lui aident à faire des haies, des fossés, ramasser le chaume, conduire le fumier, l'étendre, garder dans la bonne saison les bestiaux le long des jachères qui couronnent les champs ensemencés. Si, après la quinzième année, ils se trouvent assez forts, ils entrent dans les manchons de la charrue et prennent la place de leurs pères. » Marchand continue : « Il est facile de voir quand l'homme commence à travailler, et les progrès de ses travaux jusqu'à l'âge de quinze à dix-huit ans. Depuis cette époque jusqu'à cinquante ans, on le voit toujours suivre les mêmes opérations. Depuis cinquante jusqu'à soixante, ou plutôt jusqu'à la mort, il décline, ses forces diminuent, les infirmités l'accablent et enfin ses enfants prennent sa place[3]. » Rarement aura-t-on plus simplement et plus exactement résumé les rapports du paysan et du temps.

CHAPITRE II

DIVERSITÉS PAYSANNES

LE monde des campagnes n'est pas absent des préoccupations de l'Empereur. Du moins la propagande officielle tend-elle à imposer l'image d'un « Napoléon du peuple », plein de sollicitude pour les paysans. Contemplons le tableau de Leroy de Liancourt, *Napoléon visite une paysanne aux environs de Brienne, le 4 août 1804*, présenté au salon de 1806. Le livret commente ainsi le sujet : « S.M. s'était informée la veille d'une bonne femme qui occupait une chaumière au milieu du bois, et chez laquelle, pendant son séjour à l'Ecole militaire, elle allait quelquefois prendre du lait. Assurée qu'elle existait encore, elle se présenta seule chez elle, elle lui demanda si elle reconnaîtrait Bonaparte. A ce nom, la bonne femme est tombée aux genoux de l'Empereur qui l'a relevée avec la bonté la plus touchante, en lui demandant si elle n'avait rien à lui offrir. Du lait et des œufs, répondit-elle. L'Empereur prit deux œufs, et ne quitta son hôtesse qu'après l'avoir assurée de sa bienveillance[1]. »

Cette vieille femme est probablement la veuve d'un journalier : elle a une vache et une basse-cour. Elle prend valeur de symbole pour la propagande du régime napoléonien.

Sous une apparente uniformité, la paysannerie française offre en réalité une grande diversité. Un trait commun : la culture de la terre; mais mentalités, genres de vie et conditions de travail varient selon les catégories.

Les propriétaires

Sous la Révolution, le nombre des paysans propriétaires a augmenté grâce à la mise aux enchères des biens nationaux, au partage des communaux, aux ventes privées (beaucoup de nobles ruinés ont dû renoncer à une partie de leur patrimoine) ou encore aux nouvelles lois successorales. Il faut aussi faire intervenir un incontestable enrichissement des campagnes. En dépit des réquisitions, la paysannerie française a largement profité des troubles révolutionnaires : d'un côté, on note une hausse du prix du blé et des denrées agricoles (sauf dans les dernières années du Directoire), de l'autre une fiscalité moins oppressive que sous l'Ancien Régime ainsi que le paiement de l'impôt et des fermages en assignats dévalués. La disparition des droits féodaux, même si ceux-ci ne pesaient plus d'un poids très lourd, même après la révision des terriers, constituait pour le paysan un allègement considérable.

Combien sont-ils à avoir acheté cette terre dont le cadastre va leur reconnaître la propriété ? Aucun chiffre ne peut être avancé avec précision. « A l'époque du Directoire, estime Jacques Godechot[2], la moitié environ du sol leur appartenait. » Mais du gros propriétaire, à la façon du père

Grandet, possesseur de plus de quarante hectares, au journalier qui cultive un petit jardin, la différence est considérable.

L'époque de la spéculation terrienne semble révolue : les dernières ventes de biens nationaux sous le Consulat ne concernent que des terres de qualité médiocre. L'aliénation des biens communaux, survenue en période de difficultés économiques dans les campagnes, n'a pas été toujours suivie d'effets dans les villages, et ont été surtout vendues des pièces isolées, des landes, des prairies[3]. Force est néanmoins de constater que la propriété paysanne ne cesse de s'étendre sous l'Empire. Ce sont donc les ventes privées qui ont favorisé cette expansion : vente de terres par l'ancienne noblesse trop endettée ou désireuse de procéder à des regroupements pour une meilleure exploitation, par des acquéreurs de biens nationaux rendus prudents par le retour de l'ancienne noblesse ou incapables de mettre leur domaine en valeur, par des transactions normales, enfin, dont profite la petite paysannerie mieux renseignée que le bourgeois de la ville.

Tous les contemporains notent cette conquête du sol. Citons Yves Besnard :

Je fus frappé en arrivant à Fontevrault (Maine-et-Loire) des changements qui s'y étaient effectués depuis mes derniers séjours en 1789. De nombreuses parcelles de terrain avaient été défrichées et offraient une agréable variété de cultures; des femmes, des enfants allaient de tous côtés ramasser le fumier destiné à améliorer des terres que leur stérilité naturelle avait condamnées à l'improduction alors qu'elles appartenaient à l'abbaye, et qui, après avoir été vendues d'abord en masse, avaient été depuis acquises en petits lots par de simples journaliers prolétaires; et ceux-ci

dont la lâcheté, la fainéantise étaient passées en pro-
verbe, se montraient depuis lors actifs et laborieux.
Presque tous ces ci-devant prolétaires possédaient quelques parcelles de terrain, outre une chaumière et une
cave; quelques-uns récoltaient déjà leur provision de
grains et pouvaient vendre de 15 à 20 pièces de vin.
L'un d'eux qui avait acheté dix ans auparavant 8 boisse-
lées d'un terrain situé sur le monticule, réputé tout à
fait improductif, pour la modique somme de 50 francs,
l'ayant défriché et planté en vigne, l'a revendu, sous
mes yeux, 2 230 francs[4].

Jugement confirmé par le sous-préfet de Gien,
Dartonne, dans son mémoire pour la statistique
de l'an IX : « Depuis 1789 beaucoup de citoyens
alors véritablement indigents sont devenus plus à
leur aise. Les assignats, dont la masse est devenue en l'an II et en l'an III assez considérable,
ont servi utilement à beaucoup de personnes
pour rembourser ce qu'elles devaient ou pour
faire des acquisitions que les circonstances rendaient extrêmement faciles. La grande quantité
de domaines nationaux qui a été mise en vente a
fait monter d'un tiers le nombre des propriétaires. »

En fait, le petit propriétaire (catégorie la plus
nombreuse en France), n'a le plus souvent qu'à
peine de quoi faire vivre sa famille : si la moisson
est mauvaise, c'est la misère, ce que révèlent les
enquêtes de l'époque, ce que confirme Chaptal
dans ses *Souvenirs*[5]. L'euphorie du Consulat et
des premières années de l'Empire va se dissiper à
partir de 1811. Une récolte insuffisante, comme ce
fut le cas dans certains départements, n'a nullement signifié pour le propriétaire parcellaire qu'il
allait profiter de la hausse des prix. La disparition de son excédent négociable le lui a interdit;

bien plus, il a dû racheter à haut prix le blé nécessaire à ses semailles ou à sa consommation.

Fermiers et métayers

Les nuances ne sont pas moins grandes au
niveau du non-propriétaire exploitant. Pradt les
marque non sans finesse :

Il n'y a de restes que dans les grandes fermes; dans
les petites, tout est absorbé par les besoins du cultivateur, besoins auxquels la production restreinte de sa
petite exploitation a bien de la peine à répondre.
Comme le gros fermier, le petit a aussi sa famille à
nourrir; la seule différence est dans le nombre des
domestiques. Les petits fermiers n'apportent rien au
marché, tandis que les grands fermiers le garnissent
sans cesse de fournitures toujours renaissantes, et qui
paraissent inépuisables. L'expérience prouve que rien
n'est plus facilement et plus régulièrement payé que le
loyer des grandes fermes, que rien au contraire ne l'est
plus difficilement que les petites. Le locataire des premières a toujours de l'argent, celui des secondes n'en a
jamais; l'un paie avec l'excédent de la ferme, l'autre ne
peut payer avec le simple nécessaire[6].

Mais, remarque également Pradt, la petite
exploitation est souvent mieux cultivée que la
grande.
Empruntons aux souvenirs du docteur Poumiès
de la Siboutie cette description :

J'allais passer le carnaval de 1812 chez un de mes
camarades, à quelques lieues de Chartres. Son père
était un riche fermier, comme il y en a tant dans la
Beauce, la Normandie et les provinces voisines. C'était
un homme d'esprit, de sens et d'une grande humanité;

il était actif, laborieux, s'occupant de tout, voyant tout par lui-même, toujours le premier levé et le dernier couché. Il ne se bornait pas à surveiller, à diriger; il travaillait autant que ses domestiques mais il voulait qu'ils remplissent leurs devoirs. Il me fit voir sa ferme en détail, son immense troupeau de moutons, ses vaches, ses chevaux, sa basse-cour contenant un millier de têtes de volailles, ses terres bien fumées, bien travaillées, ses bâtiments en bon état, ses étables, ses écuries tenues avec la plus grande propreté et disposées de manière à ce que les eaux précieuses vinssent s'écouler dans un réservoir ou purine. Ses tas de fumier étaient autant que possible placés à l'abri de la pluie et du soleil; les eaux qui s'en écoulaient venaient se rendre également dans la purine commune[7].

Bref, ce fermier avait lu les agronomes et Poumiès lui rend hommage : « Habitué que j'étais à nos petites exploitations, mal comprises, du Périgord, à nos bâtiments en mauvais état, aux étables mal tenues et dégoûtantes, à nos chétifs troupeaux de brebis, j'étais émerveillé de cette culture grandiose et intelligente. » Mais c'est surtout l'estomac du jeune étudiant qui montre sa reconnaissance au brave fermier. Poumiès salue l'opulence de la table : « Elle était de quarante couverts. Elle fut couverte d'un dîner homérique pour lequel on avait tué la veille un veau, deux moutons et une profusion de volailles. On but largement mais raisonnablement. Après le dîner, on chanta. Les jeunes gens se déguisèrent et leurs grosses plaisanteries eurent le plus grand succès auprès des servantes. Maîtres et domestiques dansèrent toute la nuit. C'étaient de véritables saturnales où la décence et l'honnêteté furent toujours respectées. Le bon fermier avait l'air d'un patriarche, il était heureux de la joie qui l'entourait. »

Néanmoins le gros fermier demeure une exception. Comme le propriétaire parcellaire, les exploitants, petits ou moyens, se plaignent amèrement. Selon eux, le taux des fermages dépasse la hausse des grains et leurs gains s'amenuisent vers la fin de l'Empire[8].

Situation encore plus difficile pour les métayers, particulièrement nombreux au sud de la Loire. Ainsi, dans la Vienne, existe-t-il environ 14 000 métairies d'une vingtaine d'hectares en moyenne et ne comptant que peu de bétail. Les redevances étaient lourdes. Une métairie comme celle de Breteny, sur la commune de Jardres, de vingt-deux hectares, devait, en sus des impositions, 125 boisseaux de froment, 100 de seigle, 50 d'orge, autant d'avoine, 12 livres de sucre, 8 de laine, 6 fromages de chèvre et 4 chapons[9]. Ailleurs, on partage les impôts et la récolte de noix ainsi que le cheptel, et le métayer donne en plus au propriétaire 40 fagots de paille, 4 canards, 6 chapons, 8 poulets, 8 douzaines d'œufs, 2 oies, 100 doubles décalitres de froment, 20 de méteil, 40 de baillarge, 10 d'avoine, 6 de seigle, 2 de pois blancs, 2 de pois rouge, 2 de fèves, 15 kg de beurre et 60 de chanvre. Gasparin affirme dans son mémoire sur le métayage que le métayer échappait largement à l'impôt sous l'Empire; on le voit, cette observation n'est pas confirmée dans le cas de la Vienne. « La vie quotidienne du métayer ne s'améliore que fort peu du Consulat à la Restauration[10]. »

Les ouvriers agricoles

Le manque de main-d'œuvre et par suite la cherté des manouvriers : telle est la plainte qui monte le plus souvent des campagnes où la population mâle dans la force de l'âge connaît une sensible diminution due aux demandes incessantes de l'armée. N'exagérons pas cette ponction, mais elle s'opère sur des éléments jeunes, ceux qui sont les plus nécessaires aux travaux des champs. Et c'est une plainte que l'on retrouve dans tous les départements.

La masse des manouvriers représente une écrasante majorité dans les campagnes. Mais, là aussi, des distinctions sont nécessaires. D'un côté une main-d'œuvre permanente, de l'autre un personnel saisonnier.

La première est faite de ces brassiers que nous avons déjà évoqués, et qui sont, comme nous le montrait Besnard, propriétaires du jardin attenant à leur demeure où ils cultivent quelques légumes et élèvent quelques animaux de basse-cour. Ils possèdent souvent plusieurs parcelles éloignées où ils font paître une ou deux vaches. Ce lot modeste ne leur permet pas de se nourrir eux et leur famille, mais leur assure une certaine indépendance vis-à-vis du fermier ou du propriétaire qui les emploie. Cette main-d'œuvre englobe les vignerons, les charretiers ou conducteurs de charrue qui ne travaillent qu'au moment des labours, les bûcherons qui abandonnent leur activité forestière au moment de la moisson, les faucheurs, les moissonneurs, les batteurs en grange, etc. Main-d'œuvre indépendante, encore qu'enracinée au terroir et qui constitue une véritable aristocratie par rapport aux domestiques.

Car, à l'intérieur de ce personnel permanent, il faut évoquer la domesticité : bergers et maîtres-valets, servantes et filles de ferme, à emploi fixe, qui n'ont pour vivre que leurs gages. Logés et nourris certes, mais dans de mauvaises conditions, ils sont condamnés à une existence misérable dépendant souvent, surtout pour les femmes, de l'humeur du maître. Là est le véritable prolétariat des campagnes.

Lors des grands travaux des champs, il faut faire appel à une main-d'œuvre saisonnière : professionnels mais aussi mendiants embauchés au hasard des routes. En Seine-et-Marne par exemple, la main-d'œuvre vient de l'Aisne, de l'Aube, de la Côte-d'Or, de la Haute-Marne, de la Meuse et de l'Yonne. Ce sont essentiellement des moissonneurs dont l'activité se situe entre juillet et septembre. Une immigration venue des régions plus éloignées (Creuse et Haute-Vienne) et restant plus longtemps (de mars à novembre) est occupée à faucher les prés et à effectuer les gros travaux de terrassement ou de maçonnerie. Il en vient même de la Côte-d'Or pour le jardinage. Chaque exploitation a ses moissonneurs attitrés, souvent le père, la mère et les enfants. Les cultivateurs qui manquent de personnel, cherchent fréquemment à les débaucher, au point que les conseils généraux finissent par réclamer des contraintes analogues à celles des ouvriers des villes pour les salariés des campagnes[11].

La pénurie favorise la hausse des salaires. Dans la Vienne les gages en 1806 sont de 2/3 plus élevés qu'en 1789. Autour de Poitiers, ils se sont accrus d'un tiers depuis 1801. Certes, les femmes n'ont pas toujours profité de cette hausse, et le travail des prisonniers de guerre, espagnols en majorité, a fait baisser d'un quart dans quelques départements du Midi, la paye des journaliers, mais dans l'ensemble la conjoncture est à la hausse. Les salaires des moissonneurs saisonniers en Seine-et-Marne sont de 40 à 50 francs pour les hommes, de 30 à 40 francs pour les femmes, nourris et logés. Lamartine indique qu'à Milly les gages des serviteurs consistaient en dix écus par an (30 francs), six aunes de toile écrue pour les chemises, deux paires de sabots, quelques aunes d'étoffe pour les jupons des femmes et cinq francs d'étrennes au jour de l'an [12]. Le préfet de la Moselle, Colchen, calculant le prix des choses nécessaires à la vie d'un journalier (1/4 de livre de lard à 0,15 franc, 2 livres de légumes à 0,15 franc, un pain de 5 livres à 0,50 franc et du bois) estime qu'en tenant compte de la valeur du travail de sa femme, évalué à 0,20 franc, il reste au manouvrier 0,23 franc « pour son logement, ses vêtements, son entretien et celui de sa famille. Cette amélioration l'a disposé à étendre le cercle de ses jouissances. Un certain luxe s'introduit dans son humble réduit, ses vêtements sont meilleurs et plus propres, ses aliments quelquefois moins grossiers ».

Incontestable, l'enrichissement des campagnes pendant la période consulaire et impériale, n'a pas profité à toutes les catégories sociales. Ce sont les deux extrémités de la hiérarchie rurale, les propriétaires exploitants de plus de 40 hectares et les gros fermiers au sommet, les journaliers au bas de l'échelle qui ont été les seuls bénéficiaires d'une conjoncture à la hausse : hausse des prix des denrées agricoles et hausse des salaires. C'est en revanche le métayer qui apparaît comme la principale victime du mouvement économique.

CHAPITRE III

LES TRAVAUX DES CHAMPS

Ce sont les travaux des champs qui rythment la vie quotidienne du paysan. Et celle-ci reste immuable car les innovations techniques sont rares au cours de la période, ou si elles existent, elles demeurent totalement ignorées des campagnes. Dans son rapport au ministre de l'Intérieur, en 1806, le préfet de la Haute-Vienne se plaint, et sa plainte pourrait être reprise par d'autres préfets :

L'agriculture est encore dans l'enfance dans ce département, conduite par la routine et l'ignorance elle fait peu de progrès. En vain quelques particuliers ont voulu introduire de nouvelles méthodes, perfectionner les anciennes; leur exemple, quoique couronné de succès a été perdu pour la masse des cultivateurs qui tiennent invinciblement à leurs anciennes méthodes et regardent toute innovation comme dangereuse[1].

Mais cet excès de prudence ne s'explique-t-il pas par le fait que c'est de la récolte que dépend la subsistance du laboureur et que la moindre erreur, venant s'ajouter aux risques d'intempérie, peut avoir des conséquences catastrophiques ? Si la récolte est insuffisante, disparaissent l'excé-

dent négociable et peut-être même, une fois préle-
vée la partie réservée aux semailles, le minimum
nécessaire à la subsistance. Mais si la récolte est
trop abondante, le superflu n'ayant pas de débouchés, il s'en suit une baisse des prix qui peut
empêcher le paysan de se rembourser de ses frais.
C'est le cas en Haute-Vienne, par exemple pour le
blé en 1805, le chanvre en 1808, le seigle et le
sarrasin en 1809 et l'ensemble des céréales en
1814[2].

La préparation des sols

Il est nécessaire, même dans les régions les
plus riches, de traiter les sols et de les fertiliser.
L'engrais le plus apprécié est le fumier, mais,
faute le plus souvent de bétail, il est rare. De plus,
trop longtemps exposé au soleil ou à la pluie dans
les cours, il perd ses éléments les plus riches.
Parfois il est mal préparé, à partir de mauvaises
pailles. On compense ces insuffisances par un
mélange de feuilles d'arbres, de boues diverses,
de cendres, de détritus de basses-cours. Bien que
l'art des amendements reste peu connu, on note
l'utilisation de la marne dans la Sarthe, l'Indre-
et-Loire, l'Oise, l'Orne, l'Eure et le Calvados. Mais
le coût élevé du marnage en limite l'extension[3].
On se sert également de la chaux, notamment
dans le Tarn où « on en épand sur les prés pour
obtenir la destruction des joncs qui y poussent ».
Notons enfin l'usage du plâtre, principalement
sur les prairies artificielles du Sud-Est, ou dans
l'Aube et l'Oise. Dans les Côtes-du-Nord, c'est le
goémon qui est recherché. Un arrêté préfectoral
du 12 prairial an XI en réglemente l'usage : droit

exclusif des riverains à la coupe du goémon côtier, permission en revanche à toute personne de recueillir le goémon d'épave ou celui poussant sur les îles. Défense est faite aux riverains de vendre le goémon récolté hors de leur commune[4].

Les assolements

Notons la nette prédominance de l'assolement triennal avec jachère permettant à la terre de se reposer une année sur trois. Un tiers des terres labourables, formant la sole des hauts grains, est consacré aux céréales d'automne (froment, seigle, méteil), un autre tiers, la sole de mars, attribué aux céréales de printemps (avoine, orge), le reste demeurant en jachère. Cette succession rigide figure dans tous les baux. Le fermier est chargé de « conduire le tout en bon père de famille ». Des procès en revanche sont intentés contre ceux qui rendent des terres en fin de bail sans avoir prévu de jachères.

Les premières années, note Patrick Hautemulle à propos de la Seine-et-Marne, donnent lieu sur les soles, à une succession de cultures bien particulières. Pour les baux commençant le 11 novembre, le fermier entrant prend possession de jachères qui lui sont livrées en chaume d'avoine et de blé de mars par le fermier sortant. Ces jachères doivent recevoir la première sole des hauts grains ou blés d'automne du fermier entrant. Ce dernier doit les labourer quatre fois depuis sa prise de possession jusqu'à l'automne de l'année suivante, époque à laquelle elles donneront une récolte de blé ou de seigle l'été de la deuxième année du bail du fermier entrant. Le fermier sortant, après avoir remis le 11 novembre, une jachère au fermier entrant, doit lui-même faire encore, l'année suivante, une dernière récolte. Elle se compose de celle des hauts grains ensemencés lors de la remise de la jachère à son successeur, et de celle des blés de mars qu'il doit semer au printemps qui suit cette remise de jachère, et enfin de tous les prés et les prairies de l'exploitation. Ainsi, pour un bail commençant par exemple le 11 novembre 1810, le fermier sortant a ensemencé sa dernière sole des blés d'automne en septembre ou en octobre; en mars 1811, il ensemence sa dernière sole des blés de mars, et récolte en été 1811 ses blés d'automne et de mars, et également ses prés et ses prairies pour sa dernière année. En novembre 1811, le fermier entrant se fait livrer par son prédécesseur, les deuxièmes jachères, pour le deuxième blé d'automne qu'il doit semer en automne 1812 et récolter en août 1813[5].

Chaque année, le nouvel exploitant met en jachère la sole des blés de mars qui avait, l'année précédente, constitué celle des hauts grains.

Le problème du dessolement est abordé de façon différente selon les régions : ainsi, en Seine-et-Marne, l'ensemencement sur une terre en jachère destinée aux blés d'automne, de sainfoin, de colza ou de sarrasin, n'est pas considéré comme un dessolement. On peut également y planter des pommes de terre ou des betteraves. Malgré tout, la prairie artificielle ne se répand qu'avec lenteur.

Les labours

Les labours deviennent de plus en plus fréquents au début du XIXᵉ siècle. Dans l'Oise, les terres destinées au blé reçoivent quatre labours : « Le premier se fait en hiver, il s'appelle jachère.

Le second nommé retaillé se fait en mai, le troisième ou tiercé en août, et le dernier, en octobre, est le labour à semer[6]. »

Les travaux sont effectués par différents types de charrue. On distingue la charrue de Brie composée à l'arrière-plan du soc, du sep, du versoir, du coutre et des mancherons, à l'avant-train de deux roues d'une inégale grandeur. D'une efficacité incontestable, elle permet de tracer des sillons au cordeau comme de défoncer les prairies naturelles. L'autre charrue, celle de France, a moins bonne réputation. C'est la charrue tourne-oreille qui ne retourne pas aussi bien la terre mais qui est pourtant d'un usage plus général, car elle nécessite une force de trait moindre.

Les herses, les rouleaux, les tombereaux et les charrettes forment avec les charrues les instruments que possèdent en propre les cultivateurs et dont il est soigneusement fait mention dans les inventaires après décès. Y figurent aussi bêches et pioches.

Les moissons

Le froment semé à l'automne est récolté en août; l'avoine semée en mars vient à maturité en juillet. La moisson se fait à la faucille pour le blé, à la faux pour l'avoine. L'*Annuaire du département de l'Ardèche* pour l'an XI distingue plusieurs types de faux. Il y a celle nommée piquet en Belgique. Elle est plus expéditive que la faucille, moins que la faux ordinaire. Elle coupe aussi bas que celle-ci en revanche, et égrène moins; les femmes peuvent s'en servir. La faux commune ne doit pas être employée de façon indifférente, rappelle l'auteur de l'almanach :

Elle doit être bien tranchante. Sur son manche, tout à fait à l'extrémité, du côté de la lame, on élève perpendiculairement, à environ trois décimètres de haut, ce qu'on nomme un playon. Ce sont deux baguettes minces, flexibles, dont les quatre bouts fichés dans des trous faits au manche à des distances égales, sont ployés en demi-cercle, de sorte qu'un des bouts de chaque baguette est fiché au milieu de chaque demi-cercle que chacune d'elles forme. Ce playon a de longueur six décimètres environ.

Le but du playon en empêchant le grain de tomber par-dessus le manche de la faux, est de le fixer doucement, et presque droit, contre celui qui est encore debout. L'art de cette manière de faucher consiste à empêcher le grain coupé de tomber à plat; dans ce dessein, on fauche du dehors de la pièce de grain en dedans, ou, ce qui est la même chose, de droite à gauche.

Le faucheur, au lieu de placer ses pieds sur deux lignes parallèles, les fait suivre successivement sur une même ligne, le gauche après le droit; de sorte que les bras sont plus libres pour placer sa coupe où elle doit être[7].

Faux ou faucille? Le débat continue dans les campagnes. La préférence de l'ouvrier agricole va à la faucille : trois fois moins chère que la faux, elle peut être achetée par le moissonneur; elle allonge d'autre part d'un tiers environ le temps de la moisson par rapport à la faux, ce qui assure davantage d'heures de travail. Mais le propriétaire et l'exploitant y trouvent aussi leur compte : la faucille permet de conserver des chaumes plus longs qui serviront à la construction de certaines toitures; elle évite l'égrenage de l'épi trop mûr, égrenage qui se produit couramment lorsque la faux coupe la tige de blé; elle favorise le bon alignement des javelles et facilite le battage au fléau. Toutefois le manque de main-d'œuvre a stimulé, vers la fin de l'Empire, l'utilisation de la faux.

Toute la population est en effet mobilisée pour la moisson. Le maire prend chaque année un règlement enjoignant à toute personne, hommes, femmes, garçons, filles de la commune de s'y consacrer, mais l'on doit aussi faire appel à des moissonneurs, journaliers, cultivateurs pauvres qui vont ainsi se louer. L'Oise, par exemple, fournit aux départements voisins plus de 1 500 travailleurs saisonniers, selon une évaluation de son préfet. Ces moissonneurs sont payés en grains : cinq myriagrammes par arpent pour le blé, le seigle ou l'orge. Le salaire est en argent pour les autres récoltes : 4,20 francs pour un hectare d'avoine, 6 francs pour un hectare de vesces ou de lentilles, dans l'Oise[8].

Le glanage qui suit la récolte est de plus en plus réglementé : on l'interdit dans de nombreuses communes aux personnes de 15 à 60 ans, excepté les infirmes, les femmes grosses et les nourrices.

Le battage

Dernière grande opération : le battage. Les grains sont battus au fléau, de préférence dans les granges, pendant l'hiver, lorsque les travaux des champs sont suspendus. Seuls sont immédiatement battus les grains qui serviront aux semences. Le prélèvement représente environ 20 % de la récolte pour le blé, 25 % pour le seigle, 13 % pour l'orge, 10 % pour l'avoine. Les autres grains resteront étendus sur le plancher des greniers et fréquemment remués en attendant d'être moulus.

Le vignoble

La vigne est cultivée dans toutes les régions où le permettent le climat et le terrain. C'est ainsi que l'on compte plus de 7 000 hectares de vigne en 1809 dans l'arrondissement de Fontainebleau où les plants s'accommodent parfaitement des terrains sablonneux[9]. On retrouve la vigne dans la vallée de l'Oise, sur les pentes rocheuses et escarpées de la rive droite. Des renseignements fournis pour ce département par la description de Cambry, on est conduit à distinguer les vignes basses supportées par des échalas de 1,20 m ou 1,50 m. « Les ceps sont placés dans des tranchées coupées par des élévations de terre qui servent d'abri et facilitent les moyens de provigner[10]. » Les vignes hautes en revanche sont mariées aux arbres; elles demandent peu de travail et ont un rendement double des vignes basses. Le vin produit est toutefois inférieur en qualité.

Fumure tous les deux ou trois ans; taille de la vigne en février et mars; travail du sol à la houe ou à la bêche en avril; installation des échalas auxquels seront attachés les sarments en mai et juillet. La vendange est réglée par un ban que publie le maire. Des commissaires doivent vérifier la maturité du raisin et de leur rapport dépend l'ouverture de la vendange. Même publication pour la clôture; à partir de cette date est permis le grappillage.

40

En fait, le rôle de l'autoconsommation explique la large diffusion de la vigne dans l'ensemble du pays. Mais à mesure que l'on remonte vers le Nord, les gelées tardives empêchent la floraison. Si l'on s'en tient au cas de l'Oise, les récoltes sont médiocres : 91 416 hectolitres en 1807 ; et la qualité laisse beaucoup à désirer. On comprend que le vin ne puisse résister dans le Nord et l'Ouest de la France à la concurrence du cidre ou de la bière. Le vigneron est souvent dans une situation précaire si le vin produit n'est pas l'objet d'un commerce important car la hausse du prix des grains n'arrange pas ses affaires. Dans l'Oise par exemple, les vignerons de Dompierre « cultivent la vigne pendant que leurs femmes vont chercher dans les champs et souvent jusque dans les bois de Maignelay, éloignés d'une demi-lieue, des herbes et de la mousse pour nourrir la vache qui les fait vivre. Ils se procurent un peu de blé du prix de leur récolte en vin. Si les vignes n'ont point rendu, ils vont quêter au loin pour la subsistance de leurs familles. L'hiver les femmes travaillent dans les veillées, les hommes s'exercent à différents jeux dans les rues pour s'échauffer et ménager le bois [11] ».

Il en va différemment dans les régions de grand cru. Premier signe : la hausse de l'hectare de vigne en Bourgogne. Autre signe non moins révélateur : la grande prospérité des maisons de Beaune, comme le nouvel essor à Epernay de Moët et Chandon. Le chef de cette maison qui a connu Bonaparte à Brienne, fournit la table de

Joséphine. Bonaparte lui-même est plutôt amateur de chambertin.

Les vins du Bordelais tournés surtout vers l'exportation à destination de l'Angleterre, connaissent, par suite de la guerre maritime, une crise sérieuse que vient aggraver la réapparition des droits sur les boissons. Dès le 5 ventôse an XII une taxe sur le vin provoque l'émotion des viticulteurs. En 1807, nouvelle loi touchant cette fois le consommateur. Le vignoble bordelais est alors à son niveau le plus bas, au point que l'on doit organiser un système de prêts. La trop abondante récolte de 1808 ruine cet effort. Des 135 000 hectares plantés en 1788, il ne reste plus à cette date que 99 231 hectares de vigne. L'arrachage se généralise à partir de 1811. On assiste à la vente de quelques châteaux parmi les plus prestigieux. Mlle de Quelen en a dressé la liste : parmi les vins des Graves, liquoreux et voyageant mal, c'est Château-Haut-Brion, propriété des Funel qui passe au banquier Michel en 1804, puis, à la fin de l'Empire à l'agent de change Louis Comynes. Dans le Médoc, le vieux Château-Margaux est acquis par le marquis Colonilla et Château-Poujeaux par André Castaing en 1806. Il faudrait aussi mentionner le Gruaud-Larose, créé en 1757 et qu'achète en 1812 le baron de Sarget. De même Château-Lafitte change de propriétaire, preuve de la vulnérabilité des grands crus[12]. Résistent mieux des vins moins estimés mais de plus grande consommation : ceux des Côtes (Saint-Emilion et Pomerol) et de Palus (Bergerac).

Comment cultive-t-on la vigne en **Bordelais**? Poitevin, régisseur de Château-Latour, explique le détail des travaux confiés au régisseur qui dirige maîtres-vignerons, maîtres de chai, maîtres-tonneliers et la piétaille des vignerons :

« La vigne est plantée par règes qui ont suivant le vignoble de 55 à 90 m de long. Cependant cette dernière est peu usitée à cause de la difficulté qu'offre le transport du fumier et des vendanges. Les rangs peuvent être distants de 0,90 à 1 m. Les ceps sont plus ou moins éloignés selon le cépage et le sol. Les cépages les plus cultivés sont le malbec, le cabernet, le verdo, le sirka, le pignon, le mancin... On plante des boutures, puis le corps du cep est tenu à 30 cm du sol et fixé à un petit carasson de 40 cm au-dessus du sol qui est soit en pin, soit en châtaignier ou acacia.

« Après avoir retourné le sol, on ouvre un large fossé de 1 m et 50 cm de profondeur. On lui met un carasson pour appui et l'on referme avec du fumier. Puis on accroche la vigne avec de l'osier, opération qui se fait en automne. » Poitevin donne des détails plus précis encore sur l'encépage. Il plante les deux cépages nobles, le malbec et le cabernet. « On n'arrache pas une parcelle vieillie, on se borne à complanter les places vides, car ce sont les vieilles souches qui donnent au vin du corps, de l'arôme, du velouté, de la finesse et du bouquet.

« La taille succède à la plantation; c'est le premier travail que la vigne reçoit après la chute des feuilles. La première année, on taille sur les deux yeux les plus rapprochés de la terre. On fait de même la deuxième année, tandis que la troisième, on taille en laissant 3 ou 4 bourgeons. Dans la quatrième année on établit deux bras auxquels on donne la direction des lattes. Puis on courbe les branches à fruits en fixant les deux extrémités à la latte horizontale. C'est ce que l'on appelle l'échalassement. Puis il faut arracher le chiendent et la mousse qui couvrent les troncs des vieux ceps. Plus on fait la taille tard, plus on évite le gel.

« Les labours commencent après la taille. On donne quatre labours tous à l'araire. Le premier en février avec la charrue cabat. Elle a pour but d'ouvrir la vigne, c'est-à-dire de la déchausser. Les femmes passent après la charrue avec un sarcloir et enlèvent la terre appelée cavaillon entre chaque pied. Le deuxième labour a lieu en avril avec une charrue appelée courbe; il a pour but de rehausser la vigne. Le troisième labour est en mai avant la floraison et le quatrième en juin.

« Pendant toute cette période, il faut lutter contre les insectes et les maladies. En particulier, le coulure qui arrive avec les pluies froides et le mildiou qui attaque les feuilles. Les insectes sont difficiles à chasser, parfois on lance les poules et le canards dans les vignes. »

Ensuite arrive l'époque des vendanges. La période en est déterminée avec précision car les petits propriétaires vendangent trop tôt, ce qui donne un goût âpre et malfaisant au vin. La vendange se fait la première quinzaine de septembre quand tout va bien. Elle dure de deux à trois semaines, avec l'aide de journaliers. Les hommes sont payés et nourris. Les femmes et les enfants reçoivent la moitié du salaire des journaliers.

« Il y a un commandant de manœuvre pour douze à quinze règes. Sa tâche est de hâter la marche des coupeurs. Les femmes et enfants coupent les raisins et rejettent les tiges et fruits pourris. Un coupeur cueille le raisin et le met dans un panier de bois. On déverse celui-ci dans une baste. Le faiseur de baste foule le raisin en ayant soin de ne pas trop l'écraser. Il y a deux porteurs de baste pour huit rangs de vigne. De la baste on verse le raisin dans les douilles et de là au pressoir.

« La vinification se passe au pressoir, bâtiment rectangulaire de 8 à 10 m de large et de longueur proportionnée aux vignes. Sur un des côtés sont placés les pressoirs où l'on égrappe et où l'on foule. Les premières opérations au cuvier sont l'égrappage et le foulage. L'égrappage se fait dans le trémis. On y place les raisins qui sont égrainés par un volant qui les fait tomber. Le foulage ensuite fait rendre la plus grande partie du jus. Il consiste à séparer la pellicule du raisin qui renferme le tanin et la matière colorante. Il désagrège le raisin en augmentant la masse de moût et rend la fermentation plus prompte. »

De là, le raisin sort dans les cuves.

« Les cuves (qu'il faut faire gonfler quelques jours auparavant) doivent être remplies en plusieurs étapes pour que la râpe ne déborde pas. Puis arrive le décuvage qui se fait au moment du degré de maturité de la vendange. Dès que l'on s'est assuré par la dégustation que le vin est assez fait, on s'occupe de la mise en barriques. On met un tamis pour empêcher les pépins d'y pénétrer. Les barriques sont alignées en rang dans le chai où l'on s'arrange pour qu'elles reçoivent la même quantité et qualité de vin. Le chai est un bâtiment plus ou moins long et de 7 à 8 m de large. On y place les rangées de barriques. Celles-ci sont pla-

cées sur des solives qui les élèvent de 15 à
20 cm. »

Après les vendanges commence le long travail
de la vinification pendant laquelle s'élabore un
grand vin. Le régisseur surveille la mise en cuve.
En 1811 et 1813, il fallut trier la vendange avant
de la fouler. Plus rarement, on décidait l'égrappage, car à l'époque le vin fermentait sur sa râpe.
On laissait peu de vin en cuve. On l'écoulait en
barriques neuves au bout de huit jours. La fermentation s'achève en fût pendant 20 jours. Les
travaux d'affinage dans le chai de Latour se pour-
suivent ensuite sous la direction du régisseur. Il y
a un maître de chai qui fabrique les barriques
avec le bois de Stettin ou de Lübeck acheté à
Bordeaux et qui dirige les écoulages. Au bout
d'un an, le vin de Latour reçoit le fouettage; il
n'est pas livré à la consommation avant 4 ou
6 ans. On le laisse vieillir en barrique, soit dans
les caves des négociants quai des Chartrons, soit
dans le chai du château. Poitevin pense qu'il faut
quatre ans aux vins conservés dans des barriques
à quatre cercles de fer, bordées de côté, et surveil-
lées tous les six mois, pour qu'ils soient bons. La
mise en bouteilles est peu pratiquée. En 1803, Poitevin écrit : « Les vins de Latour, c'est de l'or en
barre[13]. »

La forêt

La disette en bois est réelle dans de nombreux
départements. Notée dès le XVIIIᵉ siècle, la pénurie
a été aggravée par la multiplication des délits
forestiers. Dans le Bordelais, le préfet s'élève
contre la coutume qui veut, au moment de la

récolte des céréales, que les gerbes soient liées non avec de la paille mais des harts de chêne que les paysans vont couper dans les jeunes taillis, choisissant bien entendu les pousses les plus droites. Les besoins en chauffage et l'habitude de faire paître les troupeaux dans les bois, faute de fourrage, les incendies très fréquents et les demandes des menuisiers, charpentiers, forgerons, fondeurs et verriers, l'absence d'entretien enfin (l'échenillage est insuffisant, malgré les circulaires des préfets aux maires) sont à l'origine de cette pénurie. L'hectare de bois qui valait 50 francs à Bellac en 1807 se vend, en 1810, 250 francs[14]; il avait déjà doublé dans la plus grande partie de la France entre 1802 et 1806.

L'échec des nouvelles cultures

Peu de changements donc dans les modes de culture en France, en dépit des tentatives d'amélioration esquissées par les sociétés d'agriculture. Mais la voix des agronomes ne rencontre guère d'écho dans les campagnes. La jachère résiste aux incantations des économistes.

Autre échec : celui des cultures nées du Blocus continental. Elles auraient pu apporter d'appréciables suppléments de ressource et, sinon modifier, du moins améliorer les conditions de la vie rurale. Elles se heurtèrent en fait à la routine du monde rural.

Un décret impérial du 25 mars 1811 prohibe, à partir du 1er janvier 1813, le sucre de canne réputé marchandise anglaise. En conséquence 32 000 hectares doivent être consacrés désormais dans l'Empire à la betterave sucrière dont le produit paraît supérieur au sucre de raisin. En réalité, c'est à peine 10 % des surfaces prévues qui seront ensemencées. On a invoqué la date tardive du décret, signé alors que les semailles étaient déjà faites. La concurrence du blé qui atteint à cette époque un taux particulièrement élevé a été déterminante. On hésite à lui retirer les sols les plus riches pour les consacrer à une culture aléatoire dont on ignore les opérations indispensables et plus encore les débouchés en raison de la carence de l'industrie betteravière. De toute façon, l'approvisionnement en graines ne permettait guère de répondre aux objectifs du gouvernement.

Même échec pour le pastel. Par un décret du 10 juillet 1810, Napoléon avait offert une prime de 100 000 francs à ceux qui parviendraient à obtenir de l'indigo capable de remplacer l'indigo exotique. Les teinturiers albigeois furent à la pointe de la recherche. Rouquès trouva le moyen d'extraire en grand l'indigo des feuilles de pastel et reçut une somme de 6 000 francs. Mais, comme pour la betterave sucrière, se posait le problème de la rentabilité. De là le scepticisme du préfet du Tarn qui donne les raisons d'un échec qu'il prévoit inéluctable : « Tous les agriculteurs conviennent qu'un hectare de pastel donne 20 000 pains qui produisent brut 500 francs et rendent 250 francs au propriétaire. Ces données sont certaines; mais si l'on veut calculer le bénéfice procuré par la même culture en la convertissant en indigo, on est arrêté par une inconnue : la valeur de cet indigo dans le commerce[15]. » Le bilan en 1814 n'est guère favorable pour se limiter à l'exemple du Tarn : le temps défavorable en 1813 a empêché de lever les premiers semis, la sécheresse en juin a altéré les feuilles et elle a été suivie d'un excès de pluie. L'indigo extrait, par suite d'une faiblesse des procédés d'épuration, ne présentait pas « une bonne apparence commerciale » de l'aveu du préfet.

Par le décret du 29 décembre 1810, le gouvernement réserva le monopole du tabac à la régie des droits réunis qui achetait les plantes, en extrayait le tabac et le vendait. On prisait alors (Napoléon le premier) plutôt que l'on ne fumait. La culture fut essentiellement limitée à l'Est et au Midi, avec des exceptions comme l'Ille-et-Vilaine, le Loir-et-Cher ou la Seine-et-Oise. Le monopole suscita dans le monde rural de nombreuses protestations. Quant au mûrier auquel l'Empire accordait une attention particulière, il suscita lui aussi bien des problèmes. L'*Annuaire du département de la Drôme* pour l'an XIII dénonce :

le peu de sagacité des agriculteurs dans la plantation et la culture des mûriers; et c'est peut-être à cette cause qu'est due l'imperfection originaire du brin de la soie. Sous les rapports les plus généraux, on sait par expérience que lorsque cet arbre est planté et exclusivement cultivé dans des terres légères et siliceuses, dans celles propres à produire du seigle, il est également de belle venue; mais que sa feuille est plus petite, sa couleur d'un vert plus léger. On sait par expérience que les vers qui s'en nourrissent, produisent un petit cocon d'un jaune clair et d'un tissu très serré. Le brin provenant de cette espèce de cocons est remarquablement plus fin, plus léger, plus nerveux et plus net, tandis que, cultivé dans un terrain fertile, la feuille est d'une plus grande forme, sa couleur d'un vert foncé et d'une telle substance, que les vers auxquels elle sert de nourriture produisent un cocon pesant, d'une grande forme et d'un tissu lâche. Le brin de la soie qui en résulte est gros, peu nerveux, pesant et toujours entaché de bourgeons [...] Il appartient aux cultivateurs, de donner l'exemple de la plantation et de la culture des mûriers dans des terres qui puissent conserver la qualité de la soie, par la nature des feuilles qu'ils produiront. Ils y trouveront le double avantage d'avoir des soies d'un plus haut prix et celui de préserver leur récolte en blé du dommage qu'ils éprouvent nécessairement à l'époque où on est obligé de ramasser la feuille.

A examiner les rapports du préfet, il semble que l'annuaire de l'an XIII n'ait pas rencontré un grand écho.

En définitive les nouvelles cultures n'ont en rien modifié les habitudes. La vie quotidienne des champs reste faite de traditions et de routines.

L'élevage

On l'a vu, le problème essentiel de l'agriculture en France est alors celui du fumier. Le bétail apparaît comme le complément indispensable de la culture, d'autant qu'il fournit aussi les animaux de trait, la viande et la laine. De là l'intérêt qui lui est porté. Le cheval connaît un certain recul dans les campagnes, conséquence des incessantes réquisitions militaires. En revanche on note une sensible amélioration des bovins et des ovins. La lutte contre les épizooties, malgré l'insuffisance du nombre de vétérinaires, prend un tour nouveau : instructions venues d'Alfort ou de Rambouillet et retransmises dans les circulaires préfectorales, surveillance accrue, etc. Mais l'on en reste, dans la plupart des départements, aux remèdes des empiriques : « Autour de Clermont, on soigne la fluxion périodique des yeux en crevant un œil pour conserver l'autre. Le traitement de la météorisation des vaches consiste à ne les faire pâturer que dans le sens opposé au vent, à les promener sans cesse, à leur faire avaler un breuvage de savon de Marseille dissous dans l'eau chaude ou bien un mélange de poudre à canon et de décoction de sauge et de fleur de sureau [16]. » Contre le claveau qui fait des ravages chez les moutons, on utilise du sureau et du miel infusés dans du vin tiède. En dépit des grandes épidémies de 1807 et de 1811 touchant les ovins, et de la peste bovine de 1814, la qualité du cheptel progresse. Notons plus particulièrement la création en France de 60 dépôts de 150 béliers mérinos pour améliorer la race. Dans la Drôme des fabricants de drap s'associent avec un éleveur. Partout des jurys pastoraux sont créés sous la présidence du préfet. Les travaux de la Société d'agriculture de la Seine (*Observations sur la monte de l'agnelage*, de Morel de Vinde, et l'*Instruction des bêtes à laine*, de Tessier) sont largement répandus.

En fait, l'élevage pose un problème pour les campagnes : celui de la vaine pâture et des droits d'usage qui assuraient aux plus pauvres des moyens de subsistance. Chaque année le préfet rappelle aux maires les prescriptions relatives au droit de glanage et aux troupeaux collectifs qui ne peuvent être conduits dans les champs que deux jours après la fin de la récolte.

La chasse aux loups

Un danger pour le bétail : les loups. Les souvenirs de Frénilly, membre de l'ancienne noblesse retirée à la campagne, évoquent de façon pittoresque ce péril qui menace aussi bien l'homme que les troupeaux :

Les loups foisonnaient dans la forêt. A la faveur de la Révolution, ils avaient prospéré dans les campagnes comme les tigres dans les villages. On avait soigneusement détruit les cerfs, les daims et les chevreuils, tous aristocrates qui se mangent; mais quant aux loups, gibier révolutionnaire qui mange les autres, on les avait laissés croître et multiplier en paix. L'abandon de l'immense forêt leur avait fait une patrie paisible où les cors ni les chiens ne les incommodaient jamais. Dans mon parc intérieur qui avait alors beaucoup de portes, mais peu de murailles, ils se promenaient familièrement la nuit; nous en entendions sous nos fenêtres, et le matin on voyait le long des perrons leurs larges pattes imprimées dans le sable. Les bergers n'osaient parquer qu'avec de bons chiens, un ou deux fusils chargés et des mèches enduites de poudre qui brûlaient toute la nuit et dont l'odeur écartait les loups. Mon premier berger, mon « majoral », était un personnage important, décoré d'une médaille par la Société d'agriculture et renommé dans le pays comme le roi des mérinos; avec cela mauvais sujet et ivrogne, qui comptait fort mal son peuple et se souciait peu que les loups mangeassent pour cinq ou six cents francs de côtelettes à son maître. Un soir, il avait rentré son troupeau en oubliant trois béliers dans le parc extérieur. Le matin, lorsqu'il fut dégrisé, il les chercha, et auprès d'une des portes du petit parc, il trouva leurs cornes et leurs sabots au milieu d'un vrai champ de bataille, avec toutes les traces d'un combat à outrance et des empreintes qui prouvaient la présence de trois loups au moins.[17]

Sous la Révolution les primes de destruction avaient cessé d'être payées. Le Consulat en reprit la tradition et les fixa ainsi :
- pour une louve pleine : 60 francs;
- pour une louve : 50 francs;

● pour un loup : 40 francs;

● pour un louveteau (taille d'un renard au moins) : 20 francs;

● pour un loup qui attaque les hommes : 150 francs.

Mais au début du Consulat, les retards apportés au paiement des primes, étaient importants. Le préfet de la Drôme s'en plaignait : « Leur cessation a produit une sensation pénible dans le département, quelques fois même des murmures assez animés[18]. » Dans la Nièvre, le 13 floréal an VIII, le préfet Sabatier rendait compte au ministre de l'Intérieur que plusieurs communes étaient dévastées par un loup enragé qui avait blessé dangereusement femmes, enfants et bestiaux. Mais le ministre n'accorde pas les crédits demandés.

Le 7 ventôse an IX, à Sauvigny-les-Bois, Louis Papillon ayant vu qu'un loup emportait un agneau dans un bois, le poursuivit et lui lança le goyard qu'il tenait à la main. L'animal abandonna sa proie, se retourna contre lui, le terrassa et lui emporta une partie de la joue et de la main. Papillon eut le courage de le tenir étroitement serré contre lui; son fils, âgé de 12 ans, s'étant armé du même goyard, tua l'animal féroce sur le corps même de son père[19].

Pour cet acte de courage, le ministre alloua cette fois une somme d'argent.

Nombreux étaient les loups qui attaquaient les enfants et les adultes. Deux loups à Varzy firent 21 victimes, dont 7 morts et 14 blessés[20].

Le gouvernement impérial comprit la nécessité de réagir devant un péril qu'il avait sous-estimé.

Le 26 août 1805 était créé un service de louveterie. En 12 ans, ce service tua de 15 000 à 18 000 loups, sans pourtant les faire entièrement disparaître des régions forestières.

CHAPITRE IV

LA VIE MATERIELLE

La diversité est telle d'une région à l'autre qu'il n'est possible d'indiquer ici que les grandes lignes d'une évolution générale qui va dans le sens d'une plus grande aisance qu'expliquent la hausse des salaires des journaliers et celle presque continue du prix des grains. Aisance encore précaire au demeurant, comme vient le rappeler la crise de 1811-1812.

La maison

La maison est le cadre de la vie familiale. Elle abrite le couple, les enfants, les parents, les serviteurs. Elle fournit un cadre fonctionnel où le décor n'a aucune importance et où le mobilier demeure encore rare[1]. Une salle commune pour le repas, le sommeil, les travaux domestiques, les veillées et les fêtes. Elle est meublée sommairement. Un ou plusieurs lits clos : défense contre le froid, contre les démons et contre les indiscrétions. Les rideaux préservent l'intimité du couple et protègent l'entourage de la maladie, car on se plaît à rappeler dans les dictons populaires que l'on naît et meurt dans un lit.

Au centre, la table avec des bancs tend à se généraliser car on ne prend plus ses repas près de l'âtre avec une écuelle sur les genoux. Elle est de forme rectangulaire allongée et le maître en occupe le haut bout. Peu de chaises (elles sont alors tout en bois), pas de fauteuils, les tabourets sont réservés à l'écurie pour la traite des vaches. Les vieillards affectionnent le coffre à sel près de l'âtre. De même l'armoire tend-elle peu à peu à supplanter le coffre où l'on rangeait le trousseau, la vaisselle et l'argent. Elle passe de quatre à deux portes. Le buffet apparaît également, en rapport avec l'accroissement des plats. Quelques belles pièces sont exposées sur les étagères, preuve d'une certaine aisance qui hésite moins à se montrer que sous l'Ancien Régime lorsque la taille était fixée uniquement sur les signes extérieurs de richesse.

Ce sont les artisans locaux qui, ébénistes campagnards, confectionnent à partir du chêne, du châtaignier et du noyer ces meubles rustiques que l'on retrouve de plus en plus fréquemment dans les inventaires après décès. Symbole de ce luxe : l'armoire dont l'achat (traditionnel pour le mariage de la fille) s'accompagnera de tout un cérémonial avant que, montée sur une charrette, elle ne soit transportée à la ferme du mari : paiement au comptant, libations dans le cabaret voisin[2]. Elle doit être pleine de linge et laissée ouverte dans certaines occasions pour montrer l'opulence de la maison.

Les habitants des campagnes où l'aisance est devenue générale par la division des propriétés, note Caillot[3], ne sont pas moins jaloux de bien meubler leur logement que ceux de la capitale et des autres villes du royaume. Il est peu de maisons de cultivateurs et même de simples journaliers où l'on ne trouve un lit commode de noyer ou d'un autre bois, d'une élégante simplicité, une pendule plus ou moins riche, mais jolie, une paire de flambeaux et même un service de porcelaine.

Extérieurement, les styles régionaux des maisons n'ont pas évolué dans le sens de l'unification. La diversité reste la règle. Elle est fonction des matériaux. Citons le sous-préfet de Gien, Dartonne :

Les maisons de toute espèce, les habitations des cultivateurs ainsi que les bâtiments pour les bestiaux sont en bon état dans cet arrondissement; mais leur construction dépend du local pour le plus ou moins de solidité et d'agrément. Elles sont faites en pierre partout où les matériaux sont assez rapprochés; dans les autres endroits, le propriétaire a calculé sur une moindre dépense possible, en employant ce qui est plus à la portée et il a construit en bois et torchis. Cette dernière manière de bâtir est assez adoptée dans la campagne, quoiqu'elle exige de fréquentes réparations[4]. »

Dans l'Eure, le préfet signale « qu'il n'y a que les fermes des propriétaires riches qui sont construites avec goût et solidité, la pierre de taille et la brique, pour les chaînes et les fondations, le moellon et le silex sont les matériaux ordinaires. Ailleurs, les bâtiments en bois dont les colombages sont remplis en bauge ou en terre, s'élèvent sur des fondements formés avec des pierres brutes. »

A-t-on beaucoup construit sous le Premier Empire comme ce sera le cas sous le Second ? Dans la Vendée où l'on peut évaluer l'œuvre de reconstruction entreprise entre 1802 et 1812, les renseignements sont abondants. Il en va de même pour le Nord, où la statistique de Dieudonné indique une nette reprise. Ailleurs la documentation fait souvent défaut.

La maison doit être protégée. La déchristianisation n'a nulle part entamé les vieilles superstitions : le cierge béni pour éviter la foudre les soirs d'orage ou l'aspersion des murs ou encore le buis des Rameaux[5]. L'importance du bois et de la paille dans la construction explique la fréquence des incendies. Signalons aussi que les gelées occasionnaient de gros dégâts dans les cheminées faites de craie ou de carreaux de terre... quand elles n'étaient pas en bois ! Les fours à pain étaient souvent adossés aux maisons. D'où le feu. C'est ainsi que dans la Marne fut reconstituée en 1804 la caisse des incendies. Elle était alimentée par des quêtes faites dans toutes les communes du département. Leur montant s'élevait en moyenne à 30 000 francs par an. Plus de 250 000 francs furent distribués après examen de dossiers entre 1804 et 1813. Rien en revanche n'était prévu pour les calamités naturelles : grêle, inondations ou orages[6].

Le vêtement

Peu à peu l'influence de la ville se fait sentir, condamnant les costumes régionaux. C'est Dieudonné, préfet du Nord, qui observe :

A l'exception des personnes d'un certain âge qui ont conservé les anciennes étoffes et les anciennes formes d'habit, généralement on remarque (à la campagne) plus de tendance à adopter des étoffes plus fines et des formes plus élégantes. Les modes légères des villes dont les filles des gros fermiers prennent jusqu'aux plumes, aux fleurs, aux colifichets, gagnent insensiblement les classes les moins aisées et multiplient les dépenses avec les besoins, depuis surtout que la nécessité a forcé, durant le régime du papier monnaie, les habitants des villes d'échanger une partie de leur garde-robe contre les subsistances que leur fournissaient les campagnards. C'est particulièrement dans les églises qu'on apercevait les dimanches cette tendance au luxe[7]. »

Si la tenue de travail reste en toile ou en serge (habits grossiers) surtout pour les hommes, corset et jupe d'étamine pour les femmes, et si l'usage des sabots se généralise, sauf dans le Midi où les paysans vont pieds nus, c'est en effet le dimanche qu'apparaissent vestes, gilets, culottes et même souliers. De ce développement du luxe dans la toilette témoigne l'abbé Marchand en l'an IX[8] :

Autrefois la simple bergère se parait à la vérité de toile... Et aujourd'hui la mousseline la plus fine pare la tête de nos filles de campagne; les étoffes les plus brillantes couvrent leurs corps. Les jeunes garçons qui portaient autrefois des souliers chargés de clous ne sortiraient pas le dimanche sans les souliers à une semelle et l'aune de mousseline au col. Les vêtements autrefois servaient à deux ou trois générations et aujourd'hui, il faut du neuf tous les ans.

Tous les témoignages concordent pour noter le recul des ratines, calmandes, camelots, prunelles et autres étoffes grossières et le soin plus grand apporté par le paysan à sa toilette les jours de fête.

La nourriture

On fait en général deux repas par jour : à midi et le soir; s'y ajoute, à l'époque des semailles, des fauchaisons et des vendanges, une soupe à base de lard (excepté le jour maigre qui est toujours respecté). Là encore, comment ne pas tenir compte des conditions et des régions? En pays pauvre : « La nourriture est frugale, le pain est composé de blé, de seigle et d'orge mêlés ensemble, que l'on appelle mouture; les paysans y joignent du fromage, du beurre, du lait caillé, des pommes de terre ou topinambours, des navets, des pois, des haricots verts et des fèves de haricots. Dans les années d'abondance de fruits, une soupe de pain rôti avec du cidre fait un régal pour toute la famille. Leur boisson est de l'eau, dans laquelle on met macérer des fruits sauvages cuits au four. » Tel est le cas de la commune de Valennes dans la Sarthe[9]. Dans l'Ardèche, c'est la châtaigne et le seigle qui constituent, selon l'annuaire du département, la base essentielle de l'alimentation « de la plus grande partie des habitants ». Dans le Morvan, le pain de méteil composé d'un tiers d'orge, d'un tiers de blé et d'un tiers de seigle forme avec quelques légumes le fondement principal de la nourriture du paysan. Roger Berland signale que dans la Vienne « le cultivateur réserve son vin pour la vente et se contente d'une boisson faite d'eau qu'il avait laissée fermenter sur les marcs une fois pressés, ou de vinasse, jus de pommes ou de prunes séchées au four et fermentées ». En Normandie les laitages jouent un rôle d'appoint important. Ne négligeons pas le gibier et, dans les régions côtières, le poisson. Pas de livres de comptes nous donnant une idée des rations alimentaires réellement consommées, mais les contemporains indiquent tous une sensible amélioration. C'est ainsi que le statisticien Peuchet écrit en 1805 :

Il se mange aujourd'hui plus de pain, plus de viande en France qu'autrefois. L'homme des campagnes qui ne connaissait qu'une nourriture grossière, une boisson peu saine, a aujourd'hui de la viande, du pain, du blé, du vin, du bon cidre et de la bière. Les denrées coloniales se sont répandues aussi dans les campagnes depuis l'augmentation de la richesse des cultivateurs [10].

Beaucoup de paysans élèvent porcs et volailles pour leur propre consommation. La soupe dite de vendange, où le lard se mêle dans la marmite à diverses espèces de viandes, jouit dans les campagnes, si l'on en croit *Les souvenirs d'un nonagénaire*, d'une grande réputation. Toutefois ce monde des campagnes, est encore à la merci de la disette. Certes les grandes famines sont terminées, mais la crise de 1811-1812 les a en partie ressuscitées.

La crise frumentaire de 1811

La récolte de céréales de 1810 avait été médiocre; celle de 1811 fut franchement déficitaire dans de nombreux départements où, en temps normal, elle eût été au moins suffisante pour les besoins locaux. Au mois de juillet 1811, en effet, des orages avaient affecté le Bassin parisien tandis que la sécheresse sévissait dans le Midi. Au Nord, c'est la nielle qui exerçait ses ravages. Les médiocres résultats de 1810 avaient entraîné une consommation anticipée de la récolte de 1811. Les demandes des villes et le réflexe de stockage qui apparaît en période de pénurie accentuèrent le déséquilibre. La guerre d'Espagne, en raison des réquisitions, a peut-être aussi joué un rôle dans le Midi. Mais c'est la panique qui porte la plus grande responsabilité. Malgré le déficit de certains départements, rien ne justifiait une telle peur comme le montre le tableau ci-contre.

Département	Récolte en blé en période normale	Récolte de 1811
Ain	satisfait les besoins du département	satisfait les besoins du département
Aisne	excédentaire	excédentaire
Allier	satisfait à peu près la consommation locale	déficitaire
Alpes (Basses-)	satisfaisante	en dessous de la normale
Alpes (Hautes-)	satisfaisante	inférieure aux prévisions
Alpes-Maritimes	déficitaire	déficitaire
Ardèche	insuffisante	net fléchissement
Ardennes	satisfaisante	satisfaisante

Département	Récolte en blé en période normale	Récolte de 1811
Ariège	normale pour la consommation	normale
Aube	excédentaire	excédentaire
Aude	excédentaire	excédentaire
Aveyron	satisfaisant la consommation du département	léger fléchissement
Bouches-du-Rhône	déficitaire	largement déficitaire
Calvados	à peu près satisfaisante	déficitaire
Cantal	satisfaisante	satisfaisante
Charente	excédentaire	excédentaire
Charente-Inférieure	déficitaire	déficitaire
Cher	correspondant aux besoins locaux	déficitaire
Corrèze	satisfaisante	satisfaisante
Corse	déficitaire	déficitaire
Côte-d'Or	excédentaire	satisfait à peine les besoins locaux
Côtes-du-Nord	excédentaire	excédentaire
Creuse	satisfaisante	satisfaisante
Dordogne	excédentaire	excédentaire
Doubs	satisfaisante	satisfaisante
Drôme	déficitaire	déficitaire
Eure	satisfaisante	en déficit
Eure-et-Loire	excédentaire	excédentaire
Finistère	excédentaire	excédentaire
Gard	déficitaire	déficitaire
Garonne (Haute-)	satisfait à peu près les besoins locaux	déficitaire
Gers	excédentaire	excédentaire
Gironde	déficitaire	déficitaire
Hérault	en déficit par rapport aux besoins	déficitaire
Ille-et-Vilaine	satisfaisante	déficitaire
Indre	très satisfaisante	déficitaire
Indre-et-Loire	déficitaire	déficitaire
Isère	à peu près normale	à peu près normale

Département	Récolte en blé en période normale	Récolte de 1811
Jura	satisfaisante	en déficit
Landes	normale	à peu près normale
Loir-et-Cher	satisfaisante	satisfaisante
Loire	insuffisante	insuffisante
Loire (Haute-)	normale	à peu près normale
Loire-Inférieure	médiocre	médiocre
Loiret	permet de satisfaire la consommation locale	nette baisse
Lot	excédentaire	excédentaire
Lot-et-Garonne	excédentaire	excédentaire
Lozère	suffisante pour les besoins locaux	se maintient
Maine-et-Loire	excédentaire	excédentaire
Manche	normale	en déficit
Marne	excédentaire	excédentaire
Marne (Haute-)	excédentaire	excédentaire
Mayenne	assure la consommation locale	en déficit
Meurthe	excédentaire	excédentaire
Meuse	satisfaisante	satisfaisante
Morbihan	excédentaire	excédentaire
Moselle	normale	normale
Nièvre	besoins locaux assurés	sérieux déficit
Nord	en déficit	en déficit
Oise	excédentaire	excédentaire
Orne	à peu près normale	en déficit
Pas-de-Calais	excédentaire	consommation locale assurée
Puy-de-Dôme	satisfaisante	satisfaisante
Pyrénées (Basses-)	à peu près normale	à la limite satisfaisante
Pyrénées (Hautes-)	à peu près normale	à la limite satisfaisante
Rhin (Bas-)	excédentaire	excédentaire
Rhin (Haut-)	excédentaire	excédentaire
Rhin-et-Moselle	excédentaire	excédentaire
Rhône	déficitaire	sérieux déficit
Saône (Haute-)	excédentaire	excédentaire

Département	Récolte en blé en période normale	Récolte de 1811
Saône-et-Loire	excédentaire	excédentaire
Sarthe	déficitaire	sérieux déficit
Seine	déficitaire	grave déficit
Seine-Inférieure	déficitaire	sérieux déficit
Seine-et-Marne	excédentaire	excédentaire
Seine-et-Oise	excédentaire	excédentaire
Sèvres (Deux-)	excédentaire	excédentaire
Somme	excédentaire	assure tout juste la consommation locale
Tarn	excédentaire	excédentaire
Tarn-et-Garonne	excédentaire	excédentaire
Var	net déficit	déficit aggravé
Vaucluse	déficit	déficit plus sensible que les années normales
Vendée	excédentaire	à peu près satisfaisante pour les besoins locaux
Vienne	satisfaisante sur le plan local	à peu près satisfaisante
Vienne (Haute-)	à peu près satisfaisante	en déficit
Vosges	satisfaisante	satisfaisante
Yonne	très léger excédent	excédent résorbé

On le voit, il s'en faut que la crise ait été générale. Si elle permet de mesurer la fragilité de l'équilibre dans certains départements, elle révèle que les excédents (bien que nombreux) ne se sont pas aussitôt portés vers les régions déficitaires. La libre circulation des grains n'a pas tout résolu et la spéculation a été souvent plus forte.

Si la crise a affecté en priorité les villes, elle a été particulièrement grave dans les campagnes des régions les moins pourvues. Là où la nourriture, comme dans le sud du Massif central, était à base de châtaignes, de sarrasin et surtout de pommes de terre, la disette fut peu sensible. Partout où le pain occupait une place essentielle, ce fut la famine ou du moins une pénurie aux conséquences désastreuses. D'autant que le ralentissement des activités dans les villes touchait la petite industrie rurale. On vit dans plusieurs départements des individus manger du pain d'avoine et délayer du son dans du lait. En Normandie où la situation était difficile, les journaliers et leur famille en étaient réduits à une bouillie de farine de pois et à un peu de pain d'avoine. « En approchant de Lisieux, écrit le commissaire de police de Caen, on ne voit que des figures livides et des corps défaillants. Du laitage, des herbes cuites, du fromage et du son grossier sont la nourriture des paysans. » Au centre, la Nièvre n'est guère plus favorisée : une épidémie s'y déclare, conséquence de la disette. Le préfet la décrit ainsi :

Cette maladie ressemble beaucoup à ce qu'on appelle aujourd'hui fièvre pernicieuse; en 72 heures la mort s'ensuit ordinairement; et des familles entières ont péri... Les médecins parviennent à chasser la maladie; mais ceux qui en ont été atteints meurent en convalescence, parce qu'il est impossible que des hommes se rétablissent sans vin, sans pain léger, sans viande; et qu'aucun estomac malade n'est capable de supporter le pain lourd et malsain auquel ces malheureux sont réduits[11].

Dans le Midi, le préfet des Alpes-Maritimes écrit avec consternation :

La classe pauvre des communes rurales ne vivait plus au printemps dernier que d'herbes sauvages et de racines qu'on mangeait sans assaisonnement et sans sel; dans quelques endroits, on a remplacé ce dernier par l'emploi de l'eau de mer. On a vu dans plusieurs communes les agriculteurs vendre leurs outils de campagne et leurs instruments aratoires pour acheter quelques livres de pain; dans d'autres, les propriétaires couper les jeunes arbres d'olivier qui formaient toute leur fortune et leur espérance pour en utiliser le bois et quelques-uns aliéner le bois du toit de leur maison et les tuiles pour en tirer un moyen momentané de subsistance; dans d'autres enfin, on a eu le spectacle affreux d'individus qui ont succombé à leur misère et sont morts de faim [12]

Il s'en faut que toutes les conséquences de cette brève disette aient disparu en 1814.

CHAPITRE V

LE MAIRE EN SON VILLAGE

On a tout dit de la centralisation napoléonienne, sauf qu'elle se heurtait à tant d'obstacles qu'elle ne fut le plus souvent qu'un mythe. Osons l'écrire : Napoléon ignorait ce qui se passait dans les départements, les rapports des préfets ne mentionnaient que ce qu'il plaisait à ces préfets de mentionner et les statistiques transmises à Paris étaient le plus souvent fausses ou très approximatives. Apparemment, le système était d'une parfaite logique : parties du ministère de l'Intérieur les décisions gouvernementales atteignaient le préfet qui les répercutait aux sous-préfets qui les transmettaient aux maires; les réponses devaient suivre le chemin inverse. Mais si décrets ou circulaires cheminaient sans trop de problème du haut vers le bas, tout s'enlisait au niveau de la mairie. A aucun moment le système municipal n'a aussi mal fonctionné que sous l'Empire, paralysant ainsi l'action du pouvoir central. Et les voyages officiels effectués par Napoléon dans le Nord ou l'Ouest de la France n'ont nullement pallié ces déficiences.

Les préfets

On représente à juste titre les préfets comme les principaux agents de la centralisation, mais il y a beaucoup d'exagération à affirmer que de leur personnalité pouvait dépendre le bonheur ou le malheur d'un département. En revanche, il est évident qu'à mesure que l'on s'éloignait de Paris, leur indépendance devenait plus grande. Leurs rapports avec le gouvernement étaient réglés par les courriers officiels qui apportaient les instructions de l'Empereur. Copies de décrets ou d'arrêtés, circulaires, lettres de blâme ou de félicitation, questionnaire relatif à l'une des très nombreuses enquêtes lancées par un régime épris de statistique. Le préfet est jugé en fonction de la promptitude de ses réponses, du rendement de la conscription et de l'état des routes. La corruption ne vient qu'après, ce qui n'exclut nullement la destitution pour cause de concussion.

Etabli au chef-lieu du département, le préfet ne connaît sa circonscription administrative que par les vœux du conseil général et ses tournées dans les arrondissements. Il est en effet astreint à une tournée annuelle; certains font d'ailleurs du zèle, comme Méchin, dans les Landes. A peine un mois après son arrivée, il procède à une visite générale d'une dizaine de jours. Seconde tournée peu après, d'une durée de cinq jours, dans le deuxième arrondissement; enfin troisième tournée dans le premier arrondissement pour connaître avec exactitude la situation religieuse et économique.

Il y a certes des compensations : l'uniforme et le traitement, mais le logement laisse à désirer.

Ecoutons par exemple les lamentations du même Méchin un an après son installation :

Permettez-moi, écrit-il au ministre de l'Intérieur, de vous faire part de l'embarras extrême où je me trouve pour me procurer un logement dans cette ville (Mont-de-Marsan). A mon arrivée un propriétaire m'offrit sa maison. Depuis cette époque je l'habite mais l'hiver va le ramener à la ville et il faut que je cherche un asile. Il n'existe aucune maison nationale logeable à moins que l'on n'y fasse des frais extraordinaires, et il m'est impossible de trouver une maison à louer si ce n'est une seule mais qui exige des dépenses pour qu'elle puisse être habitable. Les localités sont ingrates et l'on ne peut se procurer quelques meubles qu'à Bordeaux à un prix excessif.

Et d'ajouter, après avoir comparé sa situation à celle de ses collègues du Gers ou des Basses-Pyrénées « Je cours le risque de me voir obligé de loger cet hiver dans une auberge. » Deux ans après, il n'y a toujours pas d'hôtel de la préfecture[1] !

Même situation à Bordeaux où Thibaudeau s'installe au palais de l'Archevêché.

Je m'installai moi-même. Il n'y avait pour tout mobilier que des tables et des chaises de bureau. Je me fis apporter quelques meubles indispensables pour m'établir, et sans désemparer, je me mis à l'œuvre. Ce vaste et beau palais, qui avait déjà subi plusieurs métamorphoses, était, de la cave au grenier, occupé par le personnel et le matériel des divers établissements qu'on y avait entassés. Il y restait à peine un logement pour le préfet. Cette communauté était gênante et peu digne. A force de prières et de menaces, je parvins à faire évacuer le palais. Les appartements de représentation étaient de la plus grande dimension; je fis disposer et meubler quelques pièces d'une manière décente. La chambre à coucher de l'archevêque devint un salon très convenable. Le gouvernement ne donnait que 2 400 francs de frais d'établissement; avec la plus grande modestie, le mien me coûta quatre fois plus[2].

A Tarbes, c'est également l'ancien palais épiscopal qui sert de préfecture; précédemment occupé par l'administration de la guerre il est en mauvais état. De surcroît, dans un souci d'économie, le conseil général rogne, en l'an IX, les crédits affectés à sa restauration. Le sénateur Péré observe : « Les bureaux de la préfecture attestent une parcimonie qui est bien près de l'avilissement. L'économie est telle qu'il n'y a plus dans la salle de séances ni plume, ni encrier, et qu'à la cheminée il y a deux cailloux à la place des chenets[3]. » Le préfet est contraint de se retirer une partie de l'année à vingt kilomètres de Tarbes. Ailleurs, les conditions de logement sont parfois meilleures. Parce qu'elles prennent une importance considérable en raison du rôle de représentation assigné au préfet. « Le Premier Consul voulait que les préfets eussent une maison montée et de la représentation, qu'ils donnassent des repas, des bals, des fêtes, pour procurer de la considération à l'autorité, de la dignité au gouvernement et lui rallier les partis[4]. » La plupart des préfets n'avaient pas de fortune personnelle et les traitements étaient insuffisants pour soutenir un grand train de vie. Les préfets y consumaient une partie de leur énergie, même lorsqu'il s'agissait d'anciens conventionnels austères comme Thibaudeau. Autant dire que le préfet est l'homme des contacts avec les notables; qu'il se désintéresse, sauf pour la conscription, de ses administrés ruraux.

Les sous-préfets

Le sous-préfet est déjà plus près du monde des campagnes, plus accessible à ses revendications. Ne voit-on pas Samuel Bernard, à Annecy, prendre le parti des campagnes touchées par une série de calamités agricoles (gel, grêle, puis sécheresse) entre l'an IX et l'an XI ? S'il désapprouve l'attitude de la population qui, furieuse de n'avoir pas touché les indemnités promises, menace de ne pas payer l'impôt, il intervient à plusieurs reprises auprès du préfet pour obtenir des reports de paiement à la prochaine récolte. Sa position est si appréciée que chaque jour des malheureux viennent réclamer des secours à la sous-préfecture [5]. Le rôle du sous-préfet est divers : contrôler la bonne marche de la conscription en arbitrant les différends qui peuvent surgir; maintenir l'ordre en combattant déserteurs et pilleurs de bois, rallier les petits notables au régime. L'aspect mondain de sa fonction est essentiel. On rend compte de ses réceptions dans les feuilles locales. Ainsi *Le Glâneur* nous évoque en détail le bal donné par le sous-préfet de Toulon, en septembre 1808. Le premier quadrille fut dansé par Mme la générale Gardanne « avec le sous-préfet qui lui prodigua, ainsi qu'à toutes les dames, et généralement toutes les personnes qui se trouvèrent à ce bal, des attentions fines et des soins délicats qui, aux yeux de ceux qui ignorent ce que peut être la véritable politesse, celle qui part du cœur, auraient semblé contraster avec cette fermeté de caractère et cette sévérité de mœurs et de principes que l'on admire en lui, et qui ne lui laissent jamais écouter que la voix de la raison dans un âge où les passions ont encore tant d'empire sur le cœur de l'homme[6]. ». Cette position sociale est si importante que de sa réussite ou de son échec dépend la suite de la carrière du sous-préfet.

Voici Saint-Geniès, nommé sous-préfet à Villeneuve d'Agen, en l'an XII : 28 ans, de la fortune et des relations parisiennes. D'emblée il se brouille avec les officiers de recrutement qu'il accuse de corruption. Quelques mois plus tard, il fait interdire au moment du départ une procession de pénitents blancs autorisée pourtant par le maire de Villeneuve; riposte des fidèles : ils attachent un gros pétard à sa porte dans la nuit du 6 au 7 mai 1805; les dommages ont surtout atteint le prestige du sous-préfet. Rixe, en 1806, entre Saint-Geniès et un lieutenant de gendarmerie qui ne l'a pas attendu pour se rendre auprès du préfet. On menace d'en venir à nouveau aux mains deux ans plus tard, à propos d'une arrestation. Le lieutenant est déplacé mais les notables boudent le sous-préfet.

Il avait été mis en doute si M. Saint-Geniès serait admis dans une société formée pour les amusements du Carnaval, mais enfin la prudence des gens sages et les égards qu'on aime toujours avoir pour les dépositaires de l'autorité l'avaient emporté : M. Saint-Geniès s'y présente le mercredi 6 janvier. Un jeune homme étourdi, M. Mothe-Blanche, le toise d'une manière insultante avec l'air du mépris; le sous-préfet répond à cette provocation, une rixe s'ensuit; un duel convenu pour le lendemain. Les deux champions rendus sur le champ de bataille, quelques coups de pistolet ont été tirés de part et d'autre, sans que personne n'ait été blessé, et les témoins ont accommodé l'affaire.

Cette fois, c'est le scandale. Le 29 janvier, Saint-Geniès est écarté de ses fonctions.

On conçoit que de tels sous-préfets aient été plus intéressés par les problèmes de préséance ou les questions de protocole que par les difficultés des paysans de leur arrondissement.

Les maires

Au-dessous de l'administration préfectorale, on rencontre le vide. L'autorité impériale s'arrête au sous-préfet ou au maire d'une grande ville. Les municipalités rurales sont inexistantes. La médiocrité intellectuelle et morale de leurs magistrats est unanimement reconnue. Samuel Bernard, sous-préfet d'Annecy, s'affole à ses débuts devant les reproches de son préfet qu'impatientent les lenteurs apportées à répondre à ses questions :

Malheureusement les trois quarts des maires de mon arrondissement savent à peine signer leur nom. Beaucoup ne savent pas lire et les maires se mettent à plusieurs pour payer un secrétaire, mais ces secrétaires, soit par mauvaise volonté, soit qu'ils aient trop d'occupations particulières, ou plutôt parce qu'ils sont payés très inexactement, mettent dans l'exécution des lois beaucoup de négligence et de lenteur.

Pour s'y reconnaître Bernard fait dresser des listes comprenant « les noms des communes, la date de l'envoi des avis et celle de leur réponse, et la manière dont elles ont satisfait à la loi. Par ce moyen, je vois d'un coup d'œil : 1) celles qui sont en retard; 2) celles qui mettent constamment plus de négligence dans leurs opérations. » Bernard envoie des rappels à l'ordre, d'ailleurs rarement suivis d'effets. « La conscience d'avoir rendu un service important à mon arrondissement pourra seule me dédommager d'un travail aussi pénible que fastidieux. », soupire l'infortuné sous-préfet[7].

Veut-on savoir si les maires tiennent bien les registres d'état civil :

Il m'a fallu écrire pour obtenir ceux de l'an X jusqu'à vingt lettres aux mêmes maires et secrétaires; il n'y en a pas un à qui je n'aie fait écrire exprès pour lui reprocher chacune des fautes qu'il avait commises dans la tenue des registres de l'an X, et je remarque, poursuit Bernard, que ces mêmes fautes ont été commises dans ceux de l'an XI.

Un mauvais arrondissement ? Il en est partout de même. Citons le préfet de la Creuse :

Les communes sont dans le département beaucoup trop multipliées. Le sol y est peu productif et l'instruction des habitants des campagnes est relative à leur peu d'aisance. De là, la pénible nécessité de choisir pour maires et adjoints beaucoup de citoyens étrangers aux affaires d'administration ou forcés de donner presque tout leur temps à leurs propres affaires, de là les lenteurs, le défaut de netteté dans les communications de ces agents[8].

Quant au préfet de l'Aube, il n'est guère plus optimiste :

Ce sont, dit-il de ses maires, d'honnêtes et respectables cultivateurs, n'ayant aucune capacité, ne répondant point aux lettres qu'on leur adresse. La plupart du temps si l'on veut obtenir quelques renseignements indispensables, il faut envoyer dans chaque village un commissaire.

« Combien de renseignements, combien de faits qu'on ne peut demander qu'aux maires, sans espoir de réponse », se lamente Jerphanion, préfet de la Lozère. Et ne parlons pas de la Drôme : « La vérité est que dans ces contrées âpres et quasi sauvages dont se compose la très grande majorité du département et la totalité de l'arrondissement de Die, la pénurie des hommes propres à l'administration et voulant s'y livrer est extrême[9]. » Destituer les maires ? On ne trouverait pas de remplaçants, et l'on ne saurait s'en étonner.

Nommés par le gouvernement conformément à la loi du 28 pluviôse an VIII et au sénatus-consulte du 16 thermidor an X, les maires ne jouissaient pas du prestige que leur aurait conféré une véritable élection. Ils ne recevaient aucune rémunération, ne pouvaient espérer aucune carrière politique et se trouvaient exposés aux représailles des habitants mécontents en une époque où les luttes politiques se distinguaient mal du brigandage. Leurs charges étaient écrasantes, ainsi que le reconnaît Desmousseaux, préfet de l'Ourthe :

Il suffit de réfléchir un instant sur les fonctions des maires pour concevoir la difficulté d'en trouver dans la plupart des petites communes rurales : police de sûreté et salubrité, contributions, conscription, passeports, actes de l'état civil, correspondance avec les autorités administratives et judiciaires, surveillance des perceptions, administration des biens communaux, recettes et dépenses communales, voilà l'abrégé de leurs devoirs. Croit-on qu'il y ait beaucoup de communes où il se trouve des hommes qui aient le temps, les moyens et la volonté de les remplir gratuitement[10] ?

Ne retenons que le système fiscal :

A cette époque, chaque année, la levée des impôts est mise en adjudication dans chaque commune, le percepteur garde pour lui 4 centimes par franc perçu. Chaque année la recherche d'un percepteur qui sache lire et écrire pose des problèmes, et comme pour les secrétaires de mairie, plusieurs communes ont le même. Les paysans illettrés sont incapables de vérifier si la quittance qu'on leur remet est en bonne forme et si le percepteur a bien noté sur le rôle qu'ils ont payé, sinon en droit, ils doivent repayer[11].

Plusieurs maires n'hésitent pas à prendre des ordonnances de police municipale, contradictoires d'une commune à l'autre, sans en rendre compte au préfet. Montalivet le déplore dans une circulaire du 22 octobre 1812[12].

Bref, c'est la pagaille. L'administration napoléonienne perd toute efficacité au niveau de la commune. Quant au conseil municipal qui assiste le maire : pas de registres ou de procès-verbaux des délibérations le plus souvent. Seul le problème des communaux paraît avoir suscité quelque passion. Le reste ? Des débats sur l'établissement d'un chemin, des contestations sur les dépenses de la commune, l'exploitation des bois. Le vide politique est total. Les travaux du conseil général, à part les centimes additionnels, ne trouvent aucun écho à l'échelle de la commune.

Un personnage plus important que le maire, encore que nommé par lui après approbation du conseil municipal : le garde champêtre. C'est généralement un ancien militaire, redouté et parfois assassiné car il en sait long sur les délits ruraux, les braconnages et le pillage des forêts. Au demeurant, la gendarmerie surveille ses activités.

Les délits ruraux sont punissables d'une amende ou d'une détention ou des deux réunies, sans préjudice d'une indemnité fixée par des experts, en cas de dommage. Toutes les amendes sont doublées s'il y a récidive dans l'espace d'une année ou si le délit a été commis avant le lever ou après le coucher du soleil; elles sont même triplées, si ces deux conditions sont réunies[13]. Sévérité accrue pour les délits de chasse.

Et voici qu'apparaît l'autre personnage important : le juge de paix, établi au canton. L'assemblée cantonale doit élire deux candidats entre lesquels choisit l'Empereur. Durée des fonctions : dix ans; port de la robe comme pour les autres magistrats. Cette fois la fonction est recherchée; les élections sont disputées avec un acharnement inattendu : dans les Côtes-du-Nord, en l'an X, il fallut le plus souvent deux tours de scrutin; il en fut tout de même en Côte-d'Or. Des affaires de fraude électorale furent même dénoncées au Grand Juge.

C'est que l'on attendait beaucoup du juge de paix, et le sous-préfet de Dinan, en installant, le 1er pluviôse an X, les deux nouveaux juges, ne s'y trompait pas :

Un juge de paix est moins un juge qu'un arbitre amical ; il exerce parmi ses administrés des fonctions paternelles, il les soustrait aux inconvénients des procédures lentes et coûteuses, il étouffe entre eux les germes de discorde et les dissensions, il les sauve des procédures rigoureuses du crime en les préservant de toutes les fautes graves par la punition de fautes légères [14].

Les enquêtes sur les juges de paix montrent que le recrutement fut variable. Dans les Côtes-du-Nord, tel juge, du nom de Le Rolland, est ainsi qualifié : « inepte, ivrogne et inactif », mais un autre, Jacques Buart, reçoit quant à lui ce compliment : « jurisconsulte instruit ». En fait, mises à part quelques destitutions et naturellement les décès, le personnel des justices de paix a peu changé pendant la période de l'an X à 1814. S'étonnera-t-on que le juge de paix ait été dans les campagnes un notable plus considéré que le maire ?

CHAPITRE VI

LE CHATEAU

Ni le préfet ni le maire ne détiennent les clefs du pouvoir. La Révolution n'a pas détruit, sauf à proximité des villes, l'influence du seigneur. L'ancienne noblesse a finalement conservé non seulement la majeure partie de ses domaines (c'est le clergé qui fut la grande victime de la vente des biens nationaux), mais encore son rayonnement sur les paysans. Toutefois la noblesse doit désormais compter avec un nouveau venu dans la hiérarchie rurale : le notable, grand acquéreur de terres d'Eglise et copiant dans ses modes de vie la vieille aristocratie, au point qu'un vaudeville du temps le surnomme « le bourgeois campagnard ».

La propriété nobiliaire

Le Consulat a permis à l'ancienne noblesse de reconstituer sa fortune foncière. Un arrêté du 28 vendémiaire an IX levait le séquestre sur les biens des émigrés radiés. Le sénatus-consulte du 6 floréal an X confirmait cette disposition dont étaient exceptés néanmoins les bois utiles à la défense nationale ainsi que les immeubles affectés à un service public. De plus, seuls les émigrés dont la fortune était inférieure à 100 000 francs pouvaient initialement réclamer la restitution de leurs biens : en réalité, la mesure s'étendit à l'ensemble des confiscations sans limite aucune.

Dans les régions où les ventes avaient été peu importantes, celles de l'Ouest, du Centre et du Midi, la noblesse rentra en possession de la quasi-totalité de ses propriétés. Dans les Bouches-du-Rhône, les restitutions atteignirent plusieurs millions en biens immobiliers. Parfois, c'était un prête-nom qui rendait à l'ancien maître un domaine acheté par ses soins lors des ventes. Ailleurs certains acquéreurs revendirent sans difficulté, mais contre numéraire, aux propriétaires précédents des terres qu'ils avaient payées à l'État en assignats dévalués. Dans certains cas, il y eut procès. En revanche les persécutions furent, semble-t-il, assez rares à l'égard des acheteurs de biens nationaux.

N'oublions pas que bien des domaines avaient été dégradés par le vandalisme révolutionnaire, l'incompétence des acheteurs et les atteintes du temps. Citons Rémusat :

Nous vivions (en 1802) assez modestement, dans une aisance limitée et bourgeoise qui, d'ailleurs, n'était guère au-dessous de la manière de vivre de la classe de la société où mes parents étaient placés. Tout ce qui avait souffert de la Révolution menait à peu près la même existence; ceux mêmes qui avaient conservé un fond de fortune ne l'étalaient pas, faute d'en pouvoir disposer librement ou d'oser paraître avoir moins perdu qu'ils ne le disaient. On m'a souvent conté qu'un cheval et une carriole d'osier que nous avions à Saint-Gratien avaient servi à M. Molé et à sa femme le jour de leur mariage. Or, Mlle de la Briche était une héri-

tière et son mari venait de rentrer comme fils de
condamné, dans la possession de la terre de Champlâ-
treux qui, dès lors, passait pour susceptible d'un
revenu de quatre-vingt mille livres de rente. Ma grand-
mère aussi était rentrée dans des biens de condamné.
Le séquestre, les mesures révolutionnaires, les mauvaises années, les difficultés de tous genres avaient
dégradé les propriétés, supprimé les revenus, aggravé
les dettes, et ce n'était qu'au prix de procès longs et
difficiles dont elle ne vécut pas assez pour voir la fin,
qu'elle pouvait recupérer sa part de la succession de
son père, son frère étant mort insolvable[1].

Voici Frénilly, au sortir de la tourmente, visi-
tant les terres de sa future épouse :

M. Boyer fit atteler son cabriolet et je partis avec lui
pour aller jeter un regard de conquérant sur mes Etats
futurs. Tout était fermé. « Bon, me dis-je, ils sont bien
gardés. » Après avoir sonné, frappé et appelé pendant
un quart d'heure, une des nymphes d'Armide vint en
sabots nous introduire dans une immense basse-cour
plantée d'arbres et munie de ses écurie, vacherie, ber-
gerie, poulailler, etc.; mais de chevaux, de vaches, de
moutons et de poules, on n'en entendait ni hennir, ni
mugir, ni bêler, ni glousser. C'était l'empire de la soli-
tude et du silence, jonché çà et là de tas de fumier, de
tas de pierres, et de tuiles, de solives, de lattes éparses.
J'ai encore présente l'impression sinistre de ce début.
Le vent était très froid, car il ne quitte jamais ce beau
lieu. « Faisons le tour du parc pour nous réchauffer »,
me dit mon compagnon. D'un côté du jardin jusqu'à la
grande route, régnait une grande friche, sans gazon,
sans arbres, un peu labourée et bien couverte de cailloux; de l'autre une esplanade de sable jaune excavée
en divers endroits; des allées, les unes en prairies, les
autres en pierres amoncelées; çà et là des massifs d'arbres superbes, mais sans ensemble, sans plan, ni liaison; la moitié du parc sans murailles : des portes, des

glacières, des regards, des murs, soit en ruine, soit en commencement de construction... Tel fut le fruit de ma première expédition. Nous retournâmes à Vernelle, l'imagination calme et l'oreille basse[2].

Reste que dans les listes des six cents plus imposés de chaque département, on note la présence de l'ancienne aristocratie. Elle arrive même fréquemment en tête : le duc de Luynes en Seine-et-Oise, le duc de Luxembourg en Seine-et-Marne. Preuve que son patrimoine fut moins entamé qu'on ne l'aurait cru.

Le noble aux champs

Demandons encore à Frénilly ce que pouvait être la vie d'un membre de la vieille noblesse sur ses terres pendant l'Empire :

Nos jours se passaient dans une très douce uniformité. J'étais de grand matin dans mon cabinet, donnant mes audiences, consultant nos affaires, écrivant des lettres. Ma femme prête, nous allions voir le parc, tracer les allées, planter, bâtir, ou bien on meublait ou arrangeait l'intérieur. Le reste de la matinée, Alexandrine[3], apprenait avec moi le dessin, le latin, la littérature. De mon côté, je lisais force ouvrages d'agriculture, ou je faisais des vers. Nous finissions nos soirées par un piquet ou un concert car Alexandrine chantait bien sans être une virtuose; elle jouait agréablement de la harpe et son père était un fort bon violon. Nous avions peu de voisins pour nous distraire; encore étaient-ils à peine voisins[4].

Les travaux des champs, jadis dédaignés, occupent désormais la plus grande partie de l'activité de la vieille noblesse non ralliée, la nouvelle étant aux armées ou dans les antichambres des Tuileries. Etabli à La Grange-Bléneau, en Seine-et-Marne, La Fayette y devient cultivateur et marchand de moutons[5]. Le duc de la Rochefoucauld se livre sur ses terres à des expériences agronomiques. Et donnons à nouveau la parole à Frénilly :

Nous possédions d'immenses prairies, des marais, des landes, un espace vaste, nu, abandonné, que mon imagination ombrageait de soixante mille beaux arbres et qui, vingt ans plus tard, les couvrirent en réalité. Mes premières créations en ce genre coûtaient heureusement fort peu. J'avais commencé par créer trois vastes pépinières proportionnées au nombre des plantations projetées et aux natures d'arbres destinées à chaque sol; car la variété de mes terrains était infinie, depuis la tourbe jusqu'à la terre de bruyère, depuis le sable jusqu'au sol de la Beauce. Mais en attendant que la crue de mes pépinières permît d'entamer un aménagement régulier, quelques centaines d'énormes peupliers suisses épars dans mes prés me fournirent pendant trois ans mes premiers arbres. On grimpait à leur cime, on coupait un choix des pousses les plus jeunes et les plus droites de trois à quatre pouces de tour, on affilait le gros bout des deux côtés en laissant l'écorce au troisième; elles devenaient ainsi des plançons, et leur plantation dans des prés humides, sur des bords de ruisseau, sur des berges de fossés, n'exigeait pas d'autre façon que de les aligner et de les enfoncer en terre un peu avant le réveil de la sève. C'était un délassement de nos premiers hivers, et je vois encore, au mois de mars 1802, Alexandrine, enveloppée de fourrures, dirigeant avec moi par un froid glacial les plantations du Grand Etang, vastes prairies qui se déployaient sous les fenêtres du château[6].

Mais ailleurs, l'oisiveté est la règle si l'on en croit un vaudeville de 1805, *La Jeune Veuve* :

D'abord on se levait d'assez matin; dix heures. Ah ! Mon Dieu oui, dès dix heures. A onze heures on déjeunait; ensuite on allait se promener dans la forêt voisine, les hommes à cheval, les femmes en calèche. Quelquefois je menais une jolie femme dans mon garrick, et, la dirigeant avec grâce vers l'allée des soupirs, je me comparais à Zéphir accompagné de Flore. Vers les trois heures on regagnait le château, et à cinq heures, on se mettait à table. Des mets exquis et surtout des fruits délicieux étaient servis à profusion. De plus, les vins les plus recherchés nous étaient offerts. Après le dîner, on faisait un tour dans le parc. Au retour les grands-parents faisaient paisiblement leur partie de jeu, tandis que la jeunesse s'exerçait dans le salon de musique. A onze heures du soir, on servait le thé, on faisait assaut d'esprit par de bons mots et des saillies avouées par le bon goût. Enfin sur les deux heures du matin on se séparait pour aller se jeter dans les bras de Morphée, afin de réparer les fatigues du jour[7].

Les notables

Parallèlement à ce renouveau d'influence de la vieille aristocratie, s'observe la prise de possession de la terre par la bourgeoisie du chef-lieu. Les grands domaines bourgeois, dans le Mâconnais, s'étendent orgueilleusement sur les deux rives de la Saône. Même suprématie dans l'Ain, autour de Lyon ou de Marseille, sans parler du Bordelais ou de la région parisienne.

Le vaudeville s'est emparé du bourgeois campagnard. C'est lui que dépeignent Seuvrin et Chazet au théâtre des Variétés le 4 avril 1808, vivant retiré sur « ses terres », fortune faite. « Il est en habit du matin, pet en l'air d'étoffe bariolée, un bonnet ou chapeau gris bordé de poils, des pantoufles fourrées et devant ses jambes des bottes en carton, pour les garantir de la trop grande chaleur de la cheminée[8]. » Il déjeune à heures fixes, ainsi que ses animaux, chasse un peu et s'occupe des études de ses enfants qu'il a envoyés dans « une belle pension » à Paris. Il sait s'insinuer dans les bonnes grâces des paysans dont il s'occupe de façon paternaliste, soutenant les familles pauvres, faisant construire une école, rebâtissant des maisons en ruine. « Ne suis-je pas leur seigneur ? », s'exclama M. Guillaume dans *La Rosière de Verneil*[9] ? Lorsqu'il est question d'un château au théâtre sous le Premier Empire, il appartient dans une proportion de 50 % à l'un de ces bourgeois dont l'influence va se substituer peu à peu à celle de l'ancienne noblesse.

CHAPITRE VII

ALPHABÉTISATION ET INFORMATION

GRAND problème que celui de l'alphabétisation des campagnes[1]. L'Empire y a-t-il été aussi insensible qu'on l'a écrit ? Paris semble avoir fait preuve d'une totale indifférence, mais dans le département, le préfet, influencé peut-être par le souvenir des assemblées révolutionnaires dont il avait parfois fait partie, a compris la nécessité de l'éducation du peuple. C'est Duval, dans les Basses-Alpes qui annonce : « J'emploierai au moins tous les moyens qui sont à ma disposition pour multiplier dans chaque arrondissement l'instruction primaire »; c'est Pommereul qui, à peine installé en Indre-et-Loire prend, le 14 ventôse an IX, un arrêté prévoyant la gratuité scolaire pour les indigents (nuançons : la gratuité, précise Pommereul, ne devra pas être accordée à plus du cinquième de l'effectif, mais l'idée est dans l'air; on la retrouve sous la plume de Mounier, en Ille-et-Vilaine) et l'ouverture de cours gratuits de calcul décimal pour tous; c'est le sous-préfet de Lannion qui témoigne de l'intérêt pour les écoles villageoises... en organisant, le 25 messidor an IX une distribution solennelle des prix pour la fête de la liberté. On pourrait multiplier les exemples. L'échec est général.

L'obstacle financier

Principal responsable : la loi du 11 floréal an X qui laisse à l'abandon l'enseignement primaire. Dans les villes les anciens congréganistes retrouvent leur importance passée. Dans les campagnes en revanche, trop pauvres pour payer un maître dont le recrutement dépend par ailleurs de la bonne volonté du maire, les écoles sont rares. L'instituteur, quand on en trouve, est en même temps fossoyeur ou cabaretier. On note même une prédominance inattendue des cordonniers. Très fréquemment un prêtre défroqué remplit l'emploi, suscitant la méfiance du curé. La responsabilité des maires est dénoncée une nouvelle fois par les préfets. « J'ai vainement pris un arrêté pour organiser les écoles primaires, écrit Pommereul. L'insouciance pénalise les meilleures intentions, presqu'aucun maire n'a répondu. La disette des instituteurs est extrême, le sort qu'on peut leur faire est si médiocre, qu'il ne saurait tenter les talents les plus ordinaires. L'excédent des revenus des communes est dans la plupart d'entre elles passé en entier aux frais du culte, en sorte que l'instruction primaire est menacée d'une telle décadence que les campagnes seront forcées de retomber prochainement dans l'incivilisation et la barbarie[2]. » Même réponse de la part de Boullé, préfet des Côtes-du-Nord : « Vous verrez avec peine ainsi que moi que l'éducation première est négligée de la part des communes, il faut en attribuer la cause au peu de ressources

qu'ont eues jusqu'à présent et qu'ont encore les communes pour payer des instituteurs instruits, d'un autre côté, au manque de ces instituteurs[3]. »
C'est le défaut d'argent qui explique une régression qu'il faut nuancer : rôle parfois positif du curé, établissement d'écoles privées, qualités exceptionnelles d'un maître.

Quelle était la vie quotidienne d'un écolier de l'Empire ? Ecoutons Agricol Perdiguier :

Nous mîmes tous un peu les pieds dans l'école du village; les filles envoyées par la mère, les garçons par le père. Le tarif des mois était de 1 franc pour les enfants qui apprenaient seulement à lire, de 1 franc 50 centimes pour ceux qui menaient de front la lecture et l'écriture. Ma mère, la bonne et vaillante femme, payait les mois de ses filles, avec l'argent qu'elle gagnait, tout en faisant son important ménage, à confectionner de petits bonnets d'enfants, travail dans lequel elle excellait; le père ne payait que pour ses fils[4].

Les prix sont variables : en Bretagne, 1 franc pour écrire, 0,50 franc pour lire. Parfois le forfait est à l'année. Le local ? Souvent le presbytère resté vide, ou une partie du presbytère, une maison louée par la municipalité (le loyer excède rarement 30 francs) ou encore le domicile de l'instituteur.

L'enseignement valait ce que valaient les maîtres. Agricol Perdiguier ne fut pas gâté :

Le vieux M. Madon était à la fois médecin et instituteur, et il n'y allait pas par quatre chemins ni avec ses malades, ni avec ses élèves; il menait rudement les uns et les autres. Il disait aux malades : ce remède doit vous sauver ou vous tuer, avalez bien vite et que votre sort s'accomplisse. Pour ses élèves, il avait des mains dures, des férules, des courroies ou sortes de tire-pieds de cordonnier, des nerfs de bœuf. L'écolier lisait-il mal ? un soufflet ; regardait-il à droite ou à gauche ? un coup de courroie ; faisait-il du bruit ? le nerf de bœuf allait son train. La férule, de son côté, se reposait rarement.

Ce M. Madon n'était nullement une exception. On se plaignait souvent de la sévérité des maîtres, mais seul le maire pouvait intervenir, ce qu'il se gardait de faire, faute de trouver un remplaçant.

Par la suite Agricol Perdiguier eut de la chance :

M. Madon nous assommait et nos familles en étaient peu satisfaites ; mais il n'y avait pas de choix ; il était le seul instituteur du village ; il fallait donc que nous fussions battus ou que nous restassions complètement ignorants. Ce dernier mal était encore le pire (*ici c'est l'homme de 1848 qui parle ; sous l'Empire l'ignorance n'est pas encore considérée comme le mal absolu*). Heureusement vint s'installer, dans ce temps, au pays, M. Pinolle, natif de Fontenay-Tressigny, près de Meaux ; il passait pour Parisien bien qu'il fût un vrai Briard, et qu'il eût fini par mêler à son français plus d'un mot provençal. Le nouveau maître d'école était brave homme et fut très bien accueilli. Bientôt il eut beaucoup d'élèves : mon frère et moi fûmes du nombre.

Qu'apprenait-on ? Les indications fournies par Perdiguier ne sont pas valables uniquement pour le Midi :

A part les coups que M. Pinolle ne prodiguait pas, la manière d'enseigner des deux instituteurs était la même. Ils faisaient payer les mêmes prix, donnaient à lire les mêmes livres. D'abord *L'Alphabet*, puis *Le Syllabaire*, ensuite *Les Heures romaines*, le tout en latin. Avait-on la pensée de nous instruire dans la langue de Cicéron et de Virgile? Nullement; mais on prétendait que ce n'était que dans le latin que nous pouvions apprendre le français : ce chemin en zigzag, raboteux, leur paraissait bien à tort sans doute le plus droit, le plus doux, le plus sûr. Venaient après *Le Devoir d'un chrétien*, *La Semaine Sainte*, *L'Imitation de Jésus-Christ* (ce qui était conforme à une circulaire du 2 novembre 1812[5]) beaux livres assurément, écrits en français et en bon français; mais nous étions de petits enfants, et tout cela était au-dessus de notre jeune intelligence. Ainsi, après le latin, on nous donnait autant dire de l'hébreu.

On comparera avec ce rapport adressé sous le Consulat au préfet de l'Ille-et-Vilaine : « J'ai trouvé dans les écoles d'enfants auxquels on apprenait à lire, le plus grand nombre occupé à traduire des auteurs latins[6]! » Le bilan? « J'étais à peine allé deux ou trois ans à l'école; je savais lire, écrire, calculer, mais d'une manière fort incomplète; il fallut travailler, » conclut Perdiguier.

Dialectes et patois

Autre obstacle à l'alphabétisation des campagnes : le patois. Agricol Perdiguier le met bien en relief : « Nous parlions patois, non seulement dans les rues, dans nos maisons, mais encore dans l'école; nous ne savions que cela, nous n'osions faire entendre que cela, et les maîtres n'exigeaient pas davantage. Dans nos lectures, nous pouvions dire *sapeau* pour *chapeau*, céval pour cheval, zé pour je; nos instituteurs ne nous reprenaient pas pour si peu. » En 1808, une enquête est prescrite. Les sous-préfets indiquent que le français est compris partout (ils font preuve, semble-t-il, d'un bel optimisme), mais que l'usage du patois doit sa survivance au clergé. « Une des causes qui contribue beaucoup à conserver dans la montagne l'usage de ce dialecte grossier et d'une prononciation dure, écrit le sous-préfet d'Aubusson, c'est que les desservants des succursales y enseignent presque tous le caté-chisme en patois, y font leur instruction reli-gieuse en patois. Tel est l'usage de ce pays et cet usage y est immémorial. Aussi les ecclésiastiques qu'on y emploie sont tous du pays même[7]. » Où commence d'ailleurs le patois ? Retenons l'exem-ple de la Creuse. Lors de l'enquête de 1808, le ministre de l'Intérieur, en remerciant le préfet des traductions de « l'enfant prodigue » envoyées à titre d'échantillons de patois, note :

Il m'a paru, en examinant chacune des versions de ce morceau de la Bible que les patois en usage à La Sou-terraine et à Champeix diffèrent assez considérable-ment de ceux du midi du département de la Creuse et peuvent être considérés comme des dialectes de la lan-gue française proprement dite, tandis que ceux de Gué-ret, de Jarnage, d'Aubusson, de Gioux, de Croq, de Saint-Vaulry et de Bourganeuf me semblent devoir être rapportés à la langue qui, avec beaucoup de variations, se parle dans le midi de la France.

Le patois proprement dit conserve d'ailleurs des partisans farouches. Ecoutons l'un d'eux, qui annonce curieusement les mouvements en faveur de l'Occitanie :

92

Je pourrais dire (aux détracteurs du patois) que de ce jargon qu'ils méprisent tant, sont nées des pièces de poésie qui ont fait les délices de la France, dans le temps où sa langue a commencé à se former, qu'à cette époque les poètes limousins allaient de pair avec les poètes provençaux, et que les uns et les autres ont été longtemps connus sous le nom de troubadours, si renommés chez nos ancêtres.

Que dire des résistances en Bretagne (la moitié de la population des Côtes-du-Nord, selon le préfet, ne parle pas le français ou le parle mal) ou en Alsace ? En Moselle, un document officiel, cité par Albert Dauzat, affirme pourtant, que la langue française est actuellement familière aux deux tiers des habitants de ce pays, dans lequel elle était presque inconnue au début du XVIIIe siècle. Il y a sans doute quelque exagération dans cette remarque, mais Dauzat a raison de souligner que « la Révolution, aussi bien indirectement que directement a contribué à répandre la connaissance du français dans les campagnes : nécessité puis habitude de lire les lois et arrêtés placardés, fonctions municipales qui obligent les pays à rédiger des rapports, conscription militaire qui envoie les jeunes gens à la ville et dans les camps, autant de causes qui ont agi plus puissamment que l'école encore déficiente [8] ».

Le système décimal

Un arrêté consulaire avait déclaré que le système décimal des poids et mesures entrerait en complète application le 1er vendémiaire an X. Les difficultés ne vinrent pas des villes mais des campagnes où la routine et le manque d'instruction constituaient de sérieuses entraves à la réforme. On dut souvent conserver les noms anciens et publier les tableaux d'équivalence.

On procéda par étapes. En voici la chronologie pour la Creuse[9] :

- 1er ventôse an X (20 février 1802) : le préfet demande à l'ingénieur en chef du département des tables de comparaison rectifiées des anciennes et nouvelles mesures;
- 13 floréal an X (3 mai 1802) : l'entrée en vigueur du système métrique est fixée dans la Creuse au 21 mai;
- 19 prairial an X (8 juin 1802) : les médecins et chirurgiens sont invités à utiliser les nouvelles mesures dans les usages de la médecine;
- 11 messidor an X (30 juin 1802) : un bureau de vérification est établi à Aubusson;
- 7 fructidor an X (25 août 1802) : l'hectolitre remplace les autres mesures dans la rédaction des mercuriales du prix des grains et légumes;
- 15 pluviose an XI (4 février 1803) : les municipalités sont invitées à veiller à ce que les marchands soient munis de nouveaux poids et mesures et s'en servent dans leurs ventes. De même les notaires et les fonctionnaires sont-ils astreints à utiliser le nouveau système.

En fait partout, malgré la multiplication des métrologies, toise, boisselée, seterée, boisseau, corde résistèrent. Dans le *Journal du département de la Creuse, du* 11 février 1810, on lit :

Le préfet voit avec peine que, malgré ses efforts pour l'établissement du nouveau système métrique, ce département est un de ceux où les opérations sont les moins avancées. Cela tient uniquement à ce que les autorités locales y mettent beaucoup de négligence et ne tiennent pas la main comme elles le doivent, à l'exécution des lois et arrêtés rendus sur cette partie.

Les nouvelles

Les nouvelles ne parviennent que par bribes, et le plus souvent déformées, dans les campagnes. Dans son livre de raison, Joseph-Marie Feaz, qui est déjà un petit propriétaire relativement évolué de Saint-Julien-de-Maurienne, donne du conflit du Pape et de l'Empereur ou de l'invasion de 1814, une relation qui montre que son information laissait beaucoup à désirer : « L'année 1813 le bruit court que les français on pilliez et brulez plusieurs villes dans le centre de l'Italie ou en Hotriche et en la Russie. Lon dit que lon a brulé la ville de Mouscou ville capitale d'Hautriche. » Auparavant, le même Feaz n'avait-il pas noté : « En l'année 1810, le bruit court que le pape est emprisonné en Avignon[10]. » Nombreux étaient les paysans dont l'ignorance des événements était totale. De quels éléments auraient-ils pu alimenter leur éventuelle curiosité? Un sévère contrôle était exercé sur la circulation des ouvrages. Rien ne pouvait être publié sans l'approbation du préfet. Le 5 février 1811 fut encore resserrée la surveillance sur les colporteurs. Tout marchand forain, mercier, quincaillier ou autres, vendant des livres, était obligé d'en faire la déclaration à la mairie de la commune où il entendait vendre, et devait y déposer son catalogue.

Pas de liberté pour la presse. Plusieurs départements n'ont pas de journal politique : en 1810, on en compte 13 qui n'ont aucune feuille et 9 qui possèdent une feuille d'annonces contenant des nouvelles politiques. Certains (l'Ariège, la Corrèze, les Vosges) sont trop pauvres; d'autres, comme l'Eure, trop près de Paris. De toute façon, cette presse est réservée aux notables et n'atteint pas les campagnes. Si l'on consulte, avec les almanachs, les feuilles d'avis, c'est pour connaître la date des foires ou apprendre la vente d'une terre. Leur influence politique est nulle dans les campagnes.

La propagande napoléonienne pénètre de deux façons le monde rural : le bulletin de la Grande Armée et l'imagerie. L'action de cette dernière, surtout lorsqu'elle était consacrée aux événements militaires, était considérable : les couleurs des uniformes, l'exotisme des paysages, la violence des scènes de combat, tout parlait à l'imagination. Dans ses *Mémoires,* Lamartine nous a montré l'influence de ces gravures naïves sur les enfants qui jouaient à la guerre. Relations complètes et officielles des batailles, les bulletins de la Grande Armée que Napoléon dictait aux officiers de son état-major qui les remettaient en forme, étaient diffusés dans toutes les communes :

Le moment de l'arrivée des bulletins, rappelle le préfet de l'Aisne aux maires de son département, sera annoncé dans toutes les villes, bourgs et villages, au son de la cloche ou de la caisse, et il en sera donné immédiatement lecture publique par le maire, l'adjoint, le greffier de la mairie ou toute autre personne qui serait commise à cet effet. Cette lecture sera répétée, le dimanche qui suivra, à l'issue de la messe paroissiale. Les citoyens sont invités à ne considérer comme certains que les faits annoncés par les bulletins déjà publiés et à ne donner foi aucune aux nouvelles hasardées que la malveillance ou l'oisiveté peuvent colporter.

Ce système de lecture publique semblait préférable à celui de l'affichage, « beaucoup de campagnards, rappelait le préfet de l'Orne, ne sachant pas lire ou employant trop de temps à la lecture des affiches pour qu'ils veuillent s'y livrer[11] ». De plus, les placards étaient facilement arrachés par les intempéries ou une main criminelle.

Ce sont donc les bulletins de la Grande Armée qui constituaient la principale et même la seule information écrite des paysans sur les événements militaires. Quelques cérémonies (proclamation de la paix d'Amiens ou naissance du roi de Rome) dans les villages les plus importants formaient l'embryon de culture politique du monde rural.

En réalité, ce sont les informations orales, qui se transmettent de ferme à ferme, de bourg à bourg, par l'intermédiaire du colporteur, du vagabond ou du voisin, déformant l'événement, accentuant la peur, réveillant les passions, qui ont joué un rôle essentiel, surtout à partir de 1812.

CHAPITRE VIII

LA MALADIE ET LA MORT

A PARTIR de 1750 s'observe en France un recul de la mortalité. Ce recul, si l'on met de côté les pertes militaires, est très net, plus sensible encore dans les campagnes que dans les villes. La famine disparaît, sauf pendant la brève période de 1811 à 1813; les grandes vagues d'épidémie épargnent la France de Napoléon, exception faite du typhus en 1813. Oubliée la peste, encore ignoré le choléra. L'alimentation s'améliore considérablement, en rapport avec les hausses de salaires des journaliers. Bien que peu perceptible au niveau rural, l'effort de réorganisation de la médecine entrepris à partir de l'an XI commence peut-être à porter quelques fruits. Reste une hygiène déplorable : la propreté corporelle est ignorée, limitée à un débarbouillage du visage à l'eau avec le creux de la main, le matin, pour se réveiller bien plus que pour se laver. Le reste du corps ignore tout soin; c'est à peine si, après la défécation, on utilise quelques feuilles ou de l'herbe ramassées alentour. On garde, chez l'homme, la chevelure longue, et l'on va même dans certaines régions comme le Nivernais[1]. jusqu'à croire que croûtes, crasse et poux sont essentiels à la santé de l'enfant. On se fait la barbe une fois par semaine au mieux. Les dents gâtées, sources d'infections graves, sont signalées par tous les conseils chargés d'examiner les conscrits. La plupart des ouvriers agricoles dorment tout habillés; les chemises de laine ou de chanvre mouillées par la pluie ou la sueur et dont on change le moins souvent possible, provoquent bronchites, pneumonies et rhumatismes. L'insalubrité des fermes explique l'abondance des parasites; cela va du fumier à la porte de la maison, à la cheminée qui tire mal, de l'absence de lieux d'aisance à l'air vicié des lits en alcôve. De là une misère physiologique qui favorise la propagation des maladies.

L'accouchement

On l'oublie parfois dans les causes de la forte mortalité des campagnes : l'accouchement, non seulement se fait en l'absence de toute surveillance médicale, même dans les milieux aisés, mais il se déroule fréquemment dans de mauvaises conditions. Comme le souligne Guy Thuillier à propos du Nivernais, l'accouchement est confié aux bonnes mères de villages, aux ramasseuses d'enfants ou bien à une voisine experte. L'ignorance de ces matrones, leur indifférence totale à l'hygiène, avaient souvent de graves conséquences. Après la délivrance, la ramasseuse d'enfants intervient sur la mère pour remonter la matrice, et c'est sa grande réputation; elle fait pour cela un massage combiné à l'intérieur du vagin et sur le ventre. Comme toujours, excepté dans le cas de prolapsus, l'utérus reprend normalement sa place, et elle endosse l'honneur de guérisons merveilleuses. Mais en revanche, combien d'infections ses doigts sales n'ont-ils pas apportées ! On en voit la preuve dans le grand nombre d'affections utérines que signalent les médecins du pays[2]. Peut-on être surpris, dans ces conditions, par les innombrables complications qui suivent les accouchements ? Utiliser de l'huile de noix pour faciliter l'expulsion, pratiquer des injections d'eau non bouillie, « interdire de changer les linges imprégnés de lochies sous prétexte d'éviter les hémorragies », entraînent des fièvres puerpérales, le tétanos ombilical ou des traumatismes obstétricaux, pour ne citer que les accidents les plus courants.

L'Empire a eu le souci d'améliorer de telles conditions. Quelques exemples pris à travers la France : en Indre-et-Loire, le préfet Pommereul fonde en 1802 un cours départemental d'accouchement. Il veille à l'application de la loi du 19 ventôse an XI exigeant que les sages-femmes aient vu pratiquer pendant neuf mois ou aient aidé à pratiquer pendant six mois des accouchements avant de se présenter devant les jurys médicaux. De même Pommereul fait-il aménager à l'hospice général de la Charité une salle de maternité pour compléter les cours théoriques donnés dans les locaux par le docteur Herpin[3].

A Orléans, Maret ouvrit des cours gratuits pour les sages-femmes. Lorsqu'elles venaient des communes rurales, elles recevaient une indemnité de déplacement. De là un incontestable succès[4].

Duplantier organisait à Dax, en l'an XII, un cours identique. Mais il se heurtait au problème de la langue, beaucoup de sages-femmes ne connaissant que le patois[5].

Furent établies des sociétés de charité maternelle destinées à « soulager les pauvres femmes en couches et assurer l'allaitement des enfants[6] ». Il y eut une société dans chaque département. Un conseil général était établi à Paris sous la présidence de l'Impératrice. L'activité de ces sociétés fut peut-être plus mondaine que véritablement efficace. Les souscriptions réunies, variables selon les régions, n'ont joué qu'« un rôle épisodique » dans la lutte contre la mortinatalité.

La mortalité infantile

Peut-on tirer d'utiles données des statistiques officielles concernant la mortalité infantile ? Certes elles ont tendance à confondre les morts-nés et les enfants âgés de moins de 3 mois. Les chiffres de l'époque sont toujours sujets à caution. D'autant que lorsqu'une femme a accouché d'un enfant mort-né, le père ne le déclare pas à l'état civil, dans la croyance que l'on ne doit déclarer que des enfants vivants. Le petit cadavre sera enfoui dans un coin du jardin, sans que nul, hormis les voisins, ne le sache.

Néanmoins, en dépit de quelques réserves, les statistiques ne sont nullement dépourvues d'intérêt.

Le niveau de la mortalité infantile reste très élevé, même s'il paraît en baisse sensible par rapport à l'époque révolutionnaire[8], avec deux pointes, 1802-1803 et 1810-1811, correspondant aux crises qui secouent alors l'économie. Paris semble moins frappé que la Picardie, la Champagne, le

Berry, la Sologne ou le Val-de-Loire. Autres régions de forte mortalité : la Bretagne (à l'exception du pays nantais), le Sud-Est, les Landes, une partie de l'Aquitaine. La pratique courante dans la plupart des couches sociales d'envoyer les jeunes enfants en nourrice explique que les villes apparaissent nettement plus favorisées que les milieux ruraux. Les garçons meurent davantage que les filles[9] :

	An XI		1806		1810		1814	
	Garçons	Filles	Garçons	Filles	Garçons	Filles	Garçons	Filles
Mortalité endogène (malformation congénitale)	74 ‰	59 ‰	71 ‰	52 ‰	81 ‰	64 ‰	76 ‰	60 ‰
Mortalité exogène (manque d'hygiène, accident, erreur d'alimentation)	136 ‰	130 ‰	128 ‰	120 ‰	115 ‰	107 ‰	121 ‰	114 ‰

Si l'enfant franchit le cap de l'accouchement, il se trouve exposé à d'autres périls : sevrage prématuré et nourriture solide provoquant des entérites fatales; alimentation par un lait coupé aux trois-quarts d'eau pannée ou de décoctions d'orge et de grains, emmaillotage trop serré, usage qui consiste à coucher l'enfant près de sa mère qui l'étouffe en roulant sur lui pendant son sommeil.

Laissons de côté l'infanticide très courant dans les campagnes au point que le problème inquiète à nouveau les autorités[10].

L'attitude devant la mort de l'enfant est difficile à saisir. On paraît s'y résigner comme devant une fatalité. On aime les enfants mais sans tendresse. S'ils s'obstinent à vivre, on s'en réjouit; s'ils meurent, on ne considérera pas leur disparition comme un grand malheur. Notons toutefois que les enfants décédés sans baptême continuent à occuper dans les superstitions une place considérable : ce sont ces feux follets que l'on aperçoit la nuit courant les champs.

Les fièvres

En tête des causes de mortalité à la fin du XVIIIᵉ siècle : les fièvres que les médecins classent selon les symptômes (bénignes, malignes, putrides, inflammatoires), les lieux (fièvres d'hôpital, des prisons, des camps), la fréquence (quotidienne, tierce, quarte) ou la saison (la fièvre printanière). Une analyse plus serrée permet de reconnaître derrière ces noms du XVIIIᵉ siècle la grippe qui suscita de vastes épidémies en 1743 et 1762, la méningite et la dysenterie que l'on ne distingue pas toujours très bien du typhus.

La dysenterie exerça pendant la Révolution et l'Empire de graves ravages dont on a trop longtemps méconnu l'importance[11]. A l'origine, plus que la malnutrition ou l'alcoolisme, on trouve l'approvisionnement en eau. Fontaines publiques, puits ou rivières étaient contaminés par les inondations hivernales, les détritus, les cloaques, les écoulements en tout genre. L'alimentation a joué un rôle non moins important : on a pu constater « que le pain contenait de la sciure, de la fécule, des sels toxiques. Le sel de cuisine était mélangé de plâtre, de terre, de salpêtre et même d'oxyde d'arsenic. L'absinthe était colorée à l'oxyde de cuivre[12] ». On ajoutait du vitriol au vinaigre de vin et des sels arsenicaux à la bière. La colique du Poitou avait pour origine le sulfure de plomb que l'on retrouvait dans certaines boissons.

A la fin de l'Empire parut le typhus. C'est d'Allemagne, avec la défaite que vint ce fléau qui sema la terreur en 1813. Certains textes nous montrent à Mayence « les malades abandonnés à même le sol, sans nourriture, baignant dans leurs excréments, couchés sur les cadavres de leurs camarades, au milieu d'une puanteur indicible » Une autre épidémie avait éclaté à Anvers lors de l'attaque anglaise de 1809. Elle menaça le Nord de la France mais fut finalement contenue. Le typhus fit sa réapparition en Belgique au début de 1814.

Le front espagnol ne fut pas épargné par suite de l'afflux de blessés et de prisonniers. Dès 1809, Limoges par exemple, où affluaient les captifs venus d'Espagne, était secouée par une épidémie d'espagnolette définie par un contemporain, le docteur Baraillou, comme « une catharrale compliquée et d'un mauvais caractère ». Au printemps de 1812 la mortalité s'accrut de façon inquiétante dans les hospices d'Agen et de Villeneuve où se trouvaient entassés les captifs espagnols. Cent morts auxquels il faut ajouter des religieuses qui soignaient les blessés et deux prêtres. Le quinquina, la rhubarbe et le camphre faisaient défaut. Mais le préfet ordonna l'emploi de boîtes fumigatoires et parvint à enrayer la contagion qui menaçait de s'étendre aux campagnes environnantes[13]. En 1805-1806, les prisonniers autrichiens avaient pareillement favorisé dans le département de la Haute-Marne « une fièvre rouge » dont la contagion fit de nombreuses victimes.

La variole

Ennemi redoutable : la variole. Les archives relatives à la conscription sont particulièrement éclairantes. Dans le cas du Léman, le pourcentage des conscrits portant des traces de petite vérole varie de 72 % dans la région de Chamonix à 15 % dans l'arrondissement de Cluses. Mais on est allé jusqu'à évaluer à 95 % le pourcentage des Français ayant été touchés à la fin du XVIIIᵉ siècle par ce fléau[14].

La lutte contre la variole connaît sous l'Empire un tournant. L'inoculation avait progressé peu à peu depuis le moment où Jean-Baptiste Dodart, vers 1722, avait essayé de l'introduire en France. L'Académie des sciences avait approuvé son adoption immédiate le 14 avril 1754 et la famille royale avait donné l'exemple. Toutefois, comme le souligne Marc Barblan, il semble bien, au moment de la Révolution que

les inoculés, par rapport à l'ensemble de la population ou aux naissances, ne représentent que quelques cas isolés qui ont d'autant plus frappé l'imagination des mémorialistes, l'habile plaidoyer de Tronchin dans les colonnes de l'*Encyclopédie* aidant, qu'il s'agissait de magistrats ou de la famille royale. Limitée socialement à l'élite éclairée ou à une fraction de celle-ci, l'inoculation a également été réduite géographiquement, faute d'avoir pu bénéficier d'une infrastructure sanitaire qui permît d'y procéder sur une vaste échelle[15].

La routine des campagnes, la peur de l'inoculation et l'indifférence des autorités locales ont fait le reste. En 1798, Edward Jenner publie ses fameuses observations sur le transport d'une éruption de la vache sur l'homme : *An Inquiry into the Causes and Effects of the Variolae Vaccinae.* Le retentissement fut immédiat. l'Ecole de médecine discuta du problème de la vaccination le 19 janvier 1800. On lit dans le rapport du comité central de vaccine, publié en 1803 et rédigé par Husson, un ancien chirurgien aux armées devenu sous-bibliothécaire à l'Ecole, que « des commissaires furent nommés *(en 1800)* pour faire des expériences et se concerter avec les membres d'une commission nommée en même temps dans le sein de l'Institut national. Du fluide vaccin ayant été apporté à Paris par le citoyen Colladon, médecin de Genève qui venait d'Angleterre, des premiers essais furent tentés par le professeur Pinel à la Salpêtrière *(le 14 avril 1800)*. On en fit en même temps avec les croûtes de quelques boutons que l'on venait d'observer sur des vaches près de Paris et que l'on avait jugées analogues à la vaccine[16]. ». Aubert fut envoyé en Angleterre pour y suivre les inoculations de vaccine que l'on y pratiquait. Inversement, le docteur Woodville vint à Paris où le préfet de la Seine fondait un hospice général pour la vaccination, le 7 février 1801. Ce ne fut toutefois que le 16 mars 1809 que parut le décret réglementant la vaccination sur le territoire de l'Empire. Husson vaccinait le roi de Rome en 1811.

Les résultats restèrent limités. A Orléans où était établi un dépôt de vaccine, où les enfants étaient admis gratuitement deux fois par semaine, on comptait 22 % de vaccinés en 1815. Ailleurs, le pourcentage était plus modeste : 8 % dans la Creuse, plus de 3 % dans l'Eure, mais guère plus de 1 % dans la Roer et le département de Jemmapes, d'après les évaluations de 1813 [17].

Enfin, si la tuberculose est rare à la campagne (peut-être parce qu'on ne la connaît encore que fort mal), la syphilis, ramenée par les soldats, exerce de sérieux ravages. Notons aussi les nombreux goîtres et les cas fréquents de crétinisme; le suicide est courant dans les milieux ruraux. Le sous-préfet de Gien note : « Une maladie qui paraît plus dangereuse qu'autrefois et qui se multiplie, c'est la mélancolie. Il paraît que cet état de faiblesse d'esprit provient dans un grand nombre d'individus des abus qui ont eu lieu pendant la Révolution ou de certains regrets qu'ils ressentent; dans d'autres, c'est l'ambition ou le désir immodéré de jouissance qu'ils ne peuvent pas assez satisfaire. Le suicide, depuis quelques années, s'est multiplié d'une manière effrayante. »

Médicaments et médecins

Peu de médicaments (quinine, cataplasmes émollients, poudre d'ipecacauha, rhubarbe et des spécialités comme le rob antisyphilitique de Boyreau-Laffecteur), des remèdes dits de bonnes femmes, un pullulement extraordinaire de charlatants qui parcourent, selon un préfet, les communes rurales pour y vendre des drogues et préparations médicamenteuses ou des plantes indigènes médicinales dont l'emploi est presque toujours dangereux. D'autres individus de la même espèce abusent de la crédulité du peuple pour trafiquer de prétendus remèdes secrets dont ils vantent les effets et avec lesquels ils fondent leurs moyens d'existence[18]. Quelles sont ces potions vendues à une population crédule? Le plus souvent des purgatifs ou plus simplement de l'eau colorée.

Le nombre des pharmaciens est réduit : huit seulement dans la Nièvre, dont trois à Nevers. Autant dire que les campagnes en ignorent le chemin. La loi de l'an XI sur l'exercice de la profession n'est nullement respectée : un grand nombre d'épiciers ou de droguistes vendaient des compositions ou des préparations pharmaceutiques et échappaient à tout contrôle.

Même rareté des médecins. La profession fut également réglementée par la loi du 19 ventôse an XI. Il s'agissait d'éliminer les charlatans. Des distinctions étaient par ailleurs introduites au sein du corps médical.

Celui-ci reste différencié et à côté des médecins, les officiers de santé, héritiers de la polyvalence de fait des anciens chirurgiens, surtout des campagnes, seront des praticiens de formation moins approfondie, reçus par des jurys médicaux départementaux, limités dans leur compétence territoriale et même professionnelle[19].

Les listes de médecins et d'officiers de santé dressées à partir de l'an X[20] montrent des régions entières dépourvues de soins médicaux, en Bretagne ou en montagne par exemple. De toute façon, l'appel au praticien reste exceptionnel dans les campagnes. Il est déjà la preuve d'une certaine aisance et d'une forme d'instruction. Beaucoup de ces officiers de santé en sont encore à la saignée et à l'examen des urines[21] et l'abstention est quelquefois plus profitable. Malheur au vieillard invalide ou malade ! C'est Balzac qui le remarque dans *Les Paysans* : « Les vieillards tremblent de rester à la maison car alors on ne leur donne plus à manger, aussi vont-ils aux champs tant que leurs jambes peuvent les porter. S'ils se couchent, ils savent très bien que c'est pour mourir faute de nourriture. »

Le cimetière

Autour de l'église ou éloigné du village, le cimetière reste un endroit que le paysan ne fréquente, de son vivant, qu'exceptionnellement. On en parle peu, à l'inverse de ceux des villes dans la correspondance officielle[22], sinon pour en déplorer le manque d'entretien ou rappeler l'interdiction d'ensevelir dans les églises. Des ensevelisseuses (qui sont aussi accoucheuses) se chargent du cadavre et de sa dernière toilette : le corps revêtu d'une chemise (la plus usagée plutôt que la plus belle, semble-t-il) est entouré dans un mauvais drap et enseveli à même la terre. L'usage du cercueil en planches paraît inconnu dans les régions les plus pauvres où s'observe une indifférence à la mort qu'explique ainsi Fiévée, préfet de la Nièvre :

Dans ce département, comme dans beaucoup d'autres, les paysans tombent dans l'abrutissement faute de prêtres pour les instruire et la mort à laquelle ils n'attachent plus aucune religion ne leur impose aucun effroi. Dans beaucoup de communes où ils manquent d'ecclésiastiques, les paysans s'enterrent sans aucune formalité et quelquefois sans prévenir le maire[23].

Ce sont des confréries, comme les Frères de la Charité qui assurent les obsèques, souvent sans passer par l'église.

CHAPITRE IX

LA FOI

Sur les registres d'état religieux de Jussy-Champagne en Berry, le desservant, Jean-Michel Goumet a noté :

En 1789, un seul paroissien ne fait pas ses Pâques et en 1790 les 291 personnes soumises au devoir pascal l'ont accompli.

En 1802, sur 285, 17 ne se sont pas présentés, 37 refus d'absolution.

En 1807, sur 271, 41 ne se sont pas présentés, 44 refus d'absolution.

En 1808, 464 habitants, 170 enfants, 290 soumis au précepte, 184 communions, 59 refus d'absolution; 47 pas venus.

En 1811, 486 habitants, 186 enfants, 300 soumis au précepte, 200 communions, 50 refus d'absolution.

En 1814, 152 communions[1].

Chute de la pratique religieuse mais surtout relâchement des mœurs. D'un bout à l'autre de la France, c'est une plainte identique.

Ecoutons Goumet, cité plus haut :

Plus nous avançons, plus les mœurs se corrompent même dans nos campagnes qui avaient été regardées jusqu'à ce jour comme le séjour et l'asile des mœurs simples et innocentes. Pour les faire renaître ces bonnes mœurs, nous prêchons, nous avertissons, hélas! sans fruit. Les danses et les fréquentations des deux sexes si on pouvait les faire cesser, il y aurait espérance de voir cesser le scandale. Le dimanche qui suit la fête de Saint-André est le jour du concours de tout ce qu'il y a de libertins et de libertines et dans cette paroisse et dans celles des environs. Longtemps d'avance et le jour même, j'ai averti et prévenu mes paroissiens de s'abstenir de tous divertissements profanes. J'ai profité de l'indécence qu'il y aurait à s'y livrer en tout temps et surtout au milieu de l'Avent, et le jour d'une fête patronale et en face du cimetière. La Providence a voulu cette année soutenir et appuyer mes représentations pastorales et paternelles par la présence du cadavre d'un jeune homme mort à l'âge de 18 ans. Les dimanches précédents, mes prônes avaient tous roulé sur l'Enfer et les tourments des damnés... Eh bien! le démon du libertinage, d'un souffle, a dissipé les impressions qu'il paraissait que j'avais faites dans les cœurs de mes paroissiens. Le premier coup de vielle a fait déserter mon église avant que le Saint-Sacrement fût reposé dans le tabernacle! O tempora, o mores! Il y a deux ou trois ans que, malgré mes représentations, plus de 500 personnes passèrent le temps de l'instruction de vêpres et de la bénédiction, à danser près du cimetière qu'on ne pouvait s'empêcher dans l'église de les entendre. Chose étonnante! Le sexe sur la docilité duquel on aurait plus le droit de compter est le premier où le libertinage exerce le plus tyranniquement son empire. Il faut avouer que la ressource du mariage lui manque par le départ des garçons pour les armées. Le gouvernement précédent nous aurait prêté les mains, il aurait secondé nos pieux efforts : ô Louis XV, ô Louis XVI, nos bons rois! Depuis dix ans que je suis de retour du fond de l'Italie, il s'est fait 10 à 12 baptêmes d'enfants naturels ! Que penser de ce que nous ne savons pas[2] ?

Voici maintenant l'abbé Marchand qui dessert les paroisses de Rahay et de Valennes dans la Sarthe : « Autrefois l'humble paysan ne connaissait ni la liqueur ni le café; les jeux de cartes étaient totalement ignorés parmi eux. Et aujourd'hui les cafés sont pleins de laboureurs. » Et de dénoncer « les parties de plaisir, le jeu, la danse, la bouteille. Il n'y a point de village où la danse ait lieu qu'elle ne coûte aux jeunes gens près de 600 francs par an, j'en ai fait le calcul[3] ».

Dans une modeste paroisse du Vaucluse : « Le libertinage règne en maître à la place de Dieu », note le desservant. On pourrait ainsi multiplier les citations. Partout le bal fait concurrence à l'office. Aujourd'hui seraient invoqués la soif de vivre au sortir d'une époque de guerre civile, le désir de s'étourdir, la recherche du plaisir. En ce début du XIXe siècle, les curés dénoncent les progrès de l'impiété. Mais les mœurs avaient-elles tellement évolué depuis Restif ?

La déchristianisation des campagnes a commencé avant la Révolution : les curés de Napoléon ont trop tendance à embellir l'Ancien Régime. Mais la Révolution a accéléré dans de nombreuses régions le mouvement. Ce sont les villes qui ont surtout souffert du vandalisme et des persécutions. Toutefois l'émigration des prêtres, les luttes entre constitutionnels et réfractaires, la vente des biens d'Eglise ont bouleversé les campagnes, ne serait-ce qu'en désorganisant le culte.

Jean-Michel Goumet dresse un sombre tableau de son diocèse en 1802 :

Le nombre des ouvriers évangéliques était fort petit alors; la mort en avait moissonné un grand nombre pendant l'abominable Révolution tant dans l'exil qu'en France par les pertes inouïes qu'ils durent endurer. Je me trouvais presque seul dans le canton pour la consolation des fidèles de tous les environs.

Il énumère :

Crosses dont le curé s'était marié; Savigny dont le curé était devenu paralytique à cause de ses longs voyages en émigration à travers l'Italie; Avord dont le pasteur, M. Mollat, mon sincère et vertueux ami, était encore dans la ville de Poitiers, après une incarcération douloureuse pendant le temps de la Terreur; Bougy dont M. Verneuil était encore réfugié en Angleterre; Raimond dont le pasteur était caché et toujours errant dans Paris et dans les autres provinces de France, après avoir éprouvé toutes les indignités, les cruautés, les barbaries des gens de Dun-le-Roy, de Raimond même, son ingrat troupeau, ayant été traîné par tous ces furieux, attaché et garrotté comme un malfaiteur, de Raimond à Dun, de Dun à Bourges, après avoir trouvé plus d'une fois son salut dans la fuite, obligé de se cacher au milieu des joncs de l'étang de Craon ou des bois de Raimond, ou de fuir tout nu au milieu des ténèbres de la nuit; Osmery dont le curé s'était marié à la fille d'un cordonnier de Dun-le-Roy et qui scandalisa même les fanatiques révolutionnaires par ses débauches...

Goumet lui-même de retour d'exil, se heurta à d'innombrables difficultés d'ordre matériel (absence de presbytère, aucun traitement pendant deux ans) et spirituel (« de tous les mariages

contractés pendant mon absence et par conséquent uniquement devant les maires, sept seulement consentirent, la première année qui fut celle
de mon retour, à se marier devant l'Eglise et leur
légitime pasteur »).

Lorsque l'abbé Lafosse, futur fondateur de
l'Education chrétienne entre, le 22 janvier 1804,
en possession de son église d'Echauffour dans
l'Orne il doit, devant la garde nationale en armes,
entendre ce discours du maire : « Citoyen curé,
nous savons que ce sont les prêtres qui amènent
les troubles dans les familles et dans les Etats.
Vous aurez à ne pas marcher sur les traces de vos
devanciers. Conduisez-vous mieux que votre prédécesseur, si vous ne voulez pas être chassé
comme lui[4]. »

Mgr Jean Leflon a bien analysé ce malaise du
clergé de second ordre[5]. Certes les titulaires des
paroisses sont inamovibles et touchent un traitement, mais il n'en va pas de même des desservants chargés des simples succursales. On
déplore le caractère disparate quant à ses origines régionales du clergé, par suite du remanie-
ment de la carte des diocèses. L'âge des titulaires
est élevé : sur 31 870 prêtres, 10 000 ont plus de
60 ans, 900 moins de 40 ans. Beaucoup de desservants sont d'anciens moines arrachés à la vie
contemplative et incapables de satisfaire aux
besoins d'une communauté laïque. Certains prêtres abandonnent leurs fonctions sacerdotales
pour d'autres plus lucratives : « Comment vivre
avec cinq cents francs, sans casuel, sans supplément, sans logement, dans un pays pauvre et malheureux, avec la charge de plusieurs communes,
ce qui exigerait un cheval et des domestiques ? »,
s'exclame l'un d'eux. Les fabriques, réorganisées

par les décrets des 7 thermidor an XI, 15 ventôse an XIII et 28 messidor de la même année, complétés par le décret du 30 décembre 1809, ne donnent pas toujours satisfaction. Chargés d'élire des marguilliers, de recevoir le produit des chaises, des bancs, des troncs, des dons et de fournir aux dépenses du culte en collaboration avec les communes, les conseils de fabrique on fait l'objet de plaintes qui encombrent le bureau du ministre des Cultes : contestations à propos d'une indemnité de logement non versée au curé, bataille autour de l'urgence d'une réparation dans une église, ou vanités froissées.

Ici ce sont les membres du tribunal de Millau qui se plaignent de ne pas avoir un banc réservé à l'office et l'affaire occupe le ministre et l'évêque pendant plus d'un mois. Là, c'est le conseil municipal de Caussade qui se fait précéder dans l'église d'un roulement de tambour, même au milieu de la messe[6].

Parfois les paroisses refusent le pasteur que leur envoie le gouvernement. Une cause fréquemment invoquée c'est qu'il a *émigré*. Les réfractaires ont mauvaise réputation; on leur reproche leur âpreté de caractère. Attitude que défend l'un d'eux, ce Goumet si souvent cité ici :

Nos successeurs nous accuseront peut-être d'avoir manqué d'indulgence et d'avoir par un zèle excessif et amer, éloigné les pécheurs au lieu de les avoir ramenés au bercail de Jésus-Christ. Ce reproche, je peux le dire avec tous mes confrères, ne peut nous être fait ni avec vérité ni avec justice.

Et de rappeler l'attitude de Pie VII :

Ne nous a-t-il pas donné l'exemple ? Lorsque les commissaires français près du Saint-Siège, lui faisant des demandes relatives au rétablissement de la religion en France, mais incompatibles avec les dogmes et la discipline fondamentale de cette même religion, il répondit : « Pour rétablir la religion catholique en France, je suis disposé à faire tous les sacrifices possibles ; j'irai, oui, jusqu'aux portes de l'enfer, mais je ne veux pas entrer dedans[7]. »

Mais si, à Saint-Privat-des-Prés, les fidèles repoussent l'abbé Jacoupy, ancien curé de Cumond, jugé trop rigoureux (et peut-être imprudent à propos des ventes des biens du clergé pourtant reconnues par le Concordat), ailleurs c'est le curé de Salles qui est l'objet de la haine des habitants parce qu'il a appartenu à « la classe des prêtres constitutionnels ». « On devient méchant quand on est malheureux ; les curés sont devenus méchants[8] », écrit un préfet.

Les attaques contre leur moralité sont toutefois peu nombreuses. Qualité du recrutement ou craintes des paroissiens face à celui qui, par son traitement, est devenu un agent du gouvernement ? Deux scandales seulement, entre 1802 et 1814, dans le diocèse de Cahors. Un ancien vicaire, Puel, est interdit par l'évêque : « C'est un homme crapuleux, un prêtre abominable qui a séduit un grand nombre de filles dont il a été le confesseur, qui a abusé de sa servante à laquelle il a fait un enfant. » Le second cas prête en revanche à discussion : l'abbé Laporte, curé de Montauban, accusé de malhonnêteté par un habitant, est acquitté devant le tribunal[9].

Jusqu'au conflit entre le Pape et l'Empereur,

peu de reproches concernent l'attitude politique des curés de village. Quelques dénonciations inspirées souvent par la malveillance. Plus ou moins bien connue, la captivité de Pie VII a fait impression sur le bas clergé. Mais c'est la conscription après 1809 qui précipite de nombreux curés dans l'opposition. Beaucoup accepteront de cacher des réfractaires ; ils seront nombreux à prêcher l'insoumission. Le gros problème reste le manque d'effectifs. « Sous peu d'années, dans le vaste diocèse de Rouen, il n'y aura plus de prêtres », se lamente le cardinal Cambacérès. C'est un évêque, Le Coz, qui déplore l'insuffisance des traitements et le manque de prestige qui tarissent le recrutement. Ecoutons un laïque, le préfet de la Dordogne : « Tous les rapports des sous-préfets louent la conduite des ministres des cultes, en général, en vantent le zèle et le bon esprit... Mais on se plaint que leur nombre s'affaiblit et que les paroissiens n'ont pas le secours dont ils ont besoin. »

Si l'Ouest résiste, si Paris conserve son attrait, la situation est souvent inquiétante dans le Centre et le Midi. C'est de l'Empire que date le drame des villages sans prêtre.

En 1811, le déficit est le suivant :

Diocèses	Postes	Déficit
Agen	774	58
Aix	372	3
Ajaccio	353	0
Angers	373	7
Angoulême	672	29
Amiens	1035	93

Diocèses	Postes	Déficit
Arras	609	8
Autun	641	108
Avignon	299	8
Bayeux	607	7
Bayonne	859	25
Besançon	1014	23
Bordeaux	352	67
Bourges	373	82
Cahors	988	63
Carcassonne	452	9
Clermont	638	36
Coutances	559	1
Digne	504	24
Dijon	805	77
Evreux	528	8
Grenoble	617	18
La Rochelle	499	120
Le Mans	440	11
Limoges	617	18
Lyon	817	18
Meaux	809	163
Mende	426	10
Metz	1353	103
Montpellier	701	87
Nancy	1237	65
Nantes	157	1
Nice	141	1
Orléans	515	105
Paris	111	0
Quimper	270	31
Rennes	314	2

Diocèses	Postes	Déficit
Rouen	452	1
Séez	444	27
Soissons	523	86
Saint-Brieuc	325	20
Saint-Flour	426	3
Strasbourg	778	13
Toulouse	720	48
Tours	232	24
Troyes	861	291
Valence	187	8
Vannes	220	0

« Cette statistique, rappelle Mgr Leflon [10], ne tient compte que des curés et des desservants; les vicaires qui n'émargent pas au budget, n'y figurent pas. » La situation est donc en 1811 encore plus mauvaise, d'autant que le conflit entre le Pape et l'Empereur a pris un tour plus aigu. S'étonnera-t-on que dans de nombreux villages, le culte ne soit plus desservi, que le presbytère ait été vendu à des particuliers et que l'église soit laissée en ruine? « Les temples du Dieu vivant sont exposés à toutes les injures des saisons; la plupart de vos guides spirituels n'ont pas d'asile où reposer leur tête », s'exclame un évêque. Un exemple : dans le Lot, selon l'estimation du préfet, 231 églises sont à réparer ou à reconstruire, 175 paroisses manquent de presbytère. Dans la sous-préfecture de Saint-Affrique, sur 100 églises, 49 sont en mauvais état et 44 presbytères font défaut. Problème auquel les paysans sont particulièrement sensibles : la disparition des cloches qui rythment, on l'a vu, la vie courante. Une enquête révèle que plus de 100 paroisses du Rouergue en sont totalement dépourvues. Les communautés paroissiales qui ne disposent que de maigres ressources avec les quêtes du dimanche, doivent consentir de gros sacrifices. On loue des cloches; on va voler celles de la paroisse voisine.

Ce dénuement, accentué encore par la politique du gouvernement qui interdit les processions et les signes extérieurs du culte, favorise, plus que « la mauvaise littérature » des colporteurs, la déchristianisation des campagnes. Certes l'emprise du passé, le poids des traditions restent essentiels : seuls les esprits forts osent ne pas se découvrir devant un calvaire. Mais les gestes de la foi deviennent souvent automatiques.

Ce manque de nourriture spirituelle ouvre la voie, pour des esprits crédules, à toutes les superstitions.

Les superstitions

Rarement la superstition ne fut en effet aussi répandue. Les esprits avaient été profondément troublés par les événements révolutionnaires : l'exécution du roi et la captivité de Pie VI ne préfiguraient-elles pas l'apocalypse? Le schisme qui avait opposé constitutionnels et réfractaires renaissait avec la Petite Eglise, déboussolant les consciences. Une seconde fois, le Pape connaissait la captivité. La nouvelle en courait sous le manteau; le curé ne cachait pas son trouble. Les légendes campagnardes jouaient aussi leur rôle. A la veillée, raconte Agricol Perdiguier, « c'étaient toujours des diables, des revenants, des loups-garous. Cela se passait sous l'Empire et dans les premières années de la Restauration. Cette date n'est pas fort reculée, et pourtant il faut le dire, l'esprit de crédulité et de superstition était encore tout-puissant chez les vieillards, chez les femmes principalement ». Comment s'étonner dans ces conditions de la prolifération des sectes ? En dehors du fareinisme, il faudrait mentionner les cultes prophétiques qui pullulent alors. Voilà la secte de l'état de réparation. Le bulletin de police du 16 août 1805 la présente ainsi : « L'objet de cette secte établie il y a cinq ans dans la Roer est de réparer par la prostitution et la débauche la plus effrénée, les crimes d'impureté et de luxure du monde corrompu[11]. » Cette curieuse façon de combattre le péché de la chair attire naturellement l'attention de la police. D'autres sectes dénoncent le Concordat. Le préfet de l'Isère en signale une en février 1805 qui « ne reconnaît ni le Pape ni aucun prêtre soumis au Concordat ». Bonaparte est l'Antéchrist. Il n'a plus que trois ans à vivre. Le Pape qui le seconde et tous ceux qui coopèrent avec lui sont sur la route de la perdition[12].

Innombrables sont les prophètes et les illuminés, de Sainte-Geneviève de Valence aux disciples attardés de Catherine Théot, la mère de Dieu dont les divagations furent à l'origine de la chute de Robespierre, en passant par « les missionnaires de Dieu » et vingt autres réunions de détraqués de toutes origines.

Encore ces sectes s'adressaient-elles à des esprits relativement évolués. Au niveau inférieur, persiste la sorcellerie : sorts jetés contre le bétail et les récoltes, maladies mystérieuses des femmes dont la stérilité est attribuée à de vagues malédictions. Si l'on ne brûle plus les sorciers, il leur arrive d'être lapidés à en croire certains rapports de gendarmerie qui ne donnent pas d'autres précisions.

Minorités religieuses

Grâce aux articles organiques, les minorités protestantes se reconstituent en églises consistoriales de 6 000 âmes. Cinq églises consistoriales forment l'arrondissement d'un synode, et le consistoire de chaque église est composé d'un pasteur desservant cette église et de notables laïques — de 6 à 12 — choisis parmi les citoyens les plus en vue. C'est le consistoire qui désigne le pasteur dont l'élection est soumise à l'approbation du Premier Consul, puis de l'Empereur.

La situation des protestants varie d'un département à l'autre : l'importance des réformés en Vivarais (40 000) et leur dispersion expliquent le manque de pasteurs. L'Ariège et l'Aveyron sont en revanche bien servis et il y a trop de pasteurs dans le Haut-Rhin[13]. Les conflits religieux semblent en sommeil dans le Midi. Le réveil n'en sera que plus brutal en 1815, lors de la Terreur blanche. La situation des juifs est plus incertaine. Le problème de l'usure entretient dans l'Est de la France un antisémitisme larvé. Les années difficiles de 1795 à 1797 ont « poussé le laboureur, le journalier à la porte du prêteur[14] ». Le montant des créances hypothécaires dans le Bas-Rhin s'élève, entre l'an IV et l'an XI, à 12 millions, et la plupart des titres sont souscrits au profit de juifs. Non sans injustice parfois (on oublie que l'usure existe aussi dans des départements où il n'y a pas de juifs), on les prend à partie, on parle du « monstre » qui « exerce ses ravages dans la classe agricole », on dénonce les artifices employés : un réseau de juifs colporteurs signalant à un juif capitaliste établi à la ville le paysan embarrassé, paysan qui ne sachant pas toujours lire, va signer des billets où il acceptera de verser d'énormes intérêts.

Le gouvernement a réagi face à certains abus. Le 17 mars 1808, Napoléon signait un décret limitant strictement les activités des juifs. Mais le problème des dettes usuraires dépasse en ampleur la question juive; ce véritable fléau, dont le développement est peut-être en partie lié à la disparition de certains interdits religieux, n'est pas, de surcroît propre aux campagnes. Ce sont d'elles toutefois que sont venues les principales plaintes au cours de la période.

CHAPITRE X

LES PLAISIRS ET LES JEUX

Difficile à saisir, faute de témoignages des intéressés eux-mêmes (deux seulement ont écrit un journal qui a pu parvenir jusqu'à nous[1]), la vie des paysans sous l'Empire est-elle aussi sombre que le laisserait supposer la description de citadins qui n'en perçoivent que quelques manifestations extérieures ? L'enrichissement des campagnes ne se traduit pas seulement par une amélioration des vêtements et de la nourriture, mais peut-être par plus de gaieté dans le comportement, par plus de fantaisie dans les mœurs, par davantage de fêtes au village.

Les fêtes

Tandis que s'estompe la fête révolutionnaire[2], froide comme toute manifestation officielle, et qui fut surtout un phénomène urbain, la fête religieuse retrouve dans les campagnes, au moins dans ses prolongements païens, tout son éclat : saint protecteur du village dont on promène ou couronne la statue, ripailles du Mardi gras ou bals de la Pentecôte, au son de la vielle, de la cornemuse, du hautbois ou du violon, viennent rompre le rythme monotone des travaux des champs. La noce de village est aussi l'occasion de joyeuses festivités : petit salé, aloyaux et oies grasses, pâté de lièvre et pâtisseries au menu, concert et danse après le repas.

Des distractions nouvelles, importées du bourg voisin, se répandent dans les campagnes. « Des maîtres de billard se sont établis dans presque toutes les communes. Il y a déjà plusieurs années qu'ils ont accoutumé toutes les classes de cultivateurs à l'usage des liqueurs et à l'habitude des différents jeux inventés par les oisifs des grandes villes[3]. » Cette observation du sous-préfet de Gien, Dartonne, serait valable pour de nombreux départements. Les anciens jeux qu'évoquait Restif de la Bretonne ne sont pas délaissés pour autant : l'escarpolette, la chèvre, la belle-mère, ou la pucelle continuent à faire la joie des jeunes gens; les adultes s'entraînent au palet ou aux quilles.

La veillée

La tradition de la veillée s'est conservée. « On causait des récoltes bonnes ou mauvaises, rapporte Lamartine dans ses *Mémoires,* du prix des vins et des blés, des maladies ou de la bonne santé du pays, des mariages de telle fille et de tel garçon du village, des gages des serviteurs. » Il faudrait compléter cette énumération par les histoires de fantômes, de lutins ou de sorcières dont parle Agricol Perdiguier.

Veillées au demeurant laborieuses :

On tillait le chanvre, le soir à la maison, ou l'on cassait les noix, dernière gaieté de travail des villageois, raconte Lamartine. La maîtresse de maison, à la lueur d'une lampe champêtre, appelée creuse-yeux, rassemblait autour de la table de cuisine ses enfants, ses domestiques, ses voisines; les hommes apportaient de la cave les sacs de noix dont le brou, à demi pourri, se détachait de l'écaille, et les versaient sur le plancher. Chacun, muni d'un marteau, attirait devant soi un monceau de ces fruits succulents du noyer, se mettait à les dépouiller du brou en les frappant à petits coups sur la table, brisait l'enveloppe ligneuse, cherchait dans les compartiments creux le cerneau et en faisait des tas nettoyés par le moulin à huile. La conversation et le rire accompagnaient le travail, qui finissait par la danse.

La danse apparaît bien comme le divertissement favori des campagnes.

Le tillage du chanvre, continue Lamartine, occupait toutes les soirées d'hiver dans les étables, jusqu'à ce que le marchand d'étoupes vînt frapper à la porte et marchander les blonds écheveaux de soie végétale, dont le prix était ordinairement la richesse des femmes et des filles de la maison et servait pour leur entretien.

Là encore, c'était l'occasion de chants (vieilles chansons et chants nouveaux appris par les colporteurs) et surtout de danses. « Mais, conclut Lamartine, la présence de notre mère inspirait la décence des propos et du geste à tout le village[4]. »

La sexualité

On a vu comment Poumiès de la Siboutie décrit un banquet villageois : c'est le mot « décence » qu'il emploie, comme Lamartine. On a en revanche entendu tonner l'abbé Marchand contre la fureur du bal et ses conséquences funestes pour la vertu des filles. La vérité se tient entre ces deux extrêmes.

N'en déplaise à Restif, les mœurs ont toujours été plus libres à la campagne qu'à la ville; la gauloiserie est avant tout rurale. Reste que nous sommes mal renseignés sur cette sexualité campagnarde à l'époque impériale[5]. Le nombre des enfants illégitimes s'est-il beaucoup accru ? Dans certaines communes[6], les naissances hors mariage enregistrées à l'état civil sont trois fois plus nombreuses en 1802 et 1813 qu'entre 1792 et 1802. Le mariage conserve toutefois son prestige : en baisse dans ces années de pointe que sont en revanche pour les naissances illégitimes 1804 et 1807, il connaît un essor important en 1809 et surtout en 1813. La peur de la conscription mais aussi le retard à rattraper au sortir de la crise économique de 1811-1812 expliquent cette dernière poussée. Le divorce est exceptionnel en milieu rural : un seul cas entre 1802 et 1815 dans la commune de Vinsobres (Drôme), aucun dans les communes voisines.

L'appel sous les drapeaux des éléments les plus vigoureux de la population mâle a eu d'incontestables conséquences sur le plan de la sexualité féminine. Les progrès de la déchristianisation ont permis par ailleurs la diffusion des « funestes secrets », entendons le *coitus interruptus*, comprenons la méthode la plus primitive de la contraception. Réaction masculine contre les tabous religieux, la femme étant considérée comme passive et épargnée par ce péché. Ses conséquences démographiques sont sensibles en Languedoc[7], moins nettes ailleurs. Il est impossible d'en saisir les conséquences psychologiques.

Le viol est fréquent (Lecourbe est impliqué en 1804 dans une affaire de ce genre) et durement réprimé (les cinq complices de Lecourbe accusés d'avoir violé une jeune fille dans la forêt de Sénart sont condamnés à un an de prison, Lecourbe n'est pas jugé, à l'indignation de la presse[8]). Quant à l'inceste, il demeure courant dans les campagnes et échappe le plus souvent aux tribunaux.

La sexualité apparaît aux yeux de beaucoup comme le plaisir en ce monde « le moins coûteux », selon l'heureuse expression d'un contemporain auquel il a pourtant coûté fort cher : le marquis de Sade.

Le cabaret

Plainte générale des préfets dans leurs rapports : les ravages de l'alcoolisme dus à la multiplicité des cabarets. C'est aux yeux de beaucoup la cause principale de « la démoralisation » des campagnes. Pour attaquer ce mal à sa source, le préfet du Mont-Blanc, par un arrêté du 16 décembre 1802[9], interdit l'ouverture d'auberges ou de cafés sans autorisation. Dans plusieurs départements, le préfet invite les maires à dresser la liste de tous les cabarets existant dans leur commune et à déterminer ceux qui devraient être supprimés. En vain. L'ivrogne reste l'élément tristement pittoresque du village.

La chasse et la pêche

Autre sujet de doléance : les excès et abus commis par les chasseurs et les pêcheurs. On ne cesse de demander une réglementation de la chasse. Récoltes et forêts saccagées, en dépit des gardes champêtres dont l'impéritie est unanimement dénoncée. On remet en vigueur, dans plusieurs départements, l'ordonnance de 1669 destinée à protéger les oiseaux dont la destruction serait catastrophique pour la protection des plantes. « Défense de tendre des lacets aux menus oiseaux de chant et de plaisir, de les prendre à la glu », rappellent les arrêtés préfectoraux. Il en va de même pour la pêche : interdiction d'employer des engins prohibés ou des filets aux mailles trop serrées, de faire rouir le chanvre dans les rivières ou d'y jeter trop d'immondices. A lire les prescriptions de Jerphanion, préfet de la Haute-Marne, ne croirait-on — l'invocation au Créateur en plus — lire un manifeste écologique :

Habitants de la Haute-Marne, les oiseaux et les poissons sont des productions de la Providence; leur existence est aussi ancienne que le monde et atteste les merveilles et les bienfaits du créateur [10]...

CHAPITRE XI

LE POIDS DE LA GUERRE :
LES REQUISITIONS

L'EUPHORIE des premières années du règne de Napoléon a été dissipée par la crise de 1811, crise, on l'a vu, qui n'a toutefois touché qu'une partie des départements, les plus vulnérables, ceux dont l'excédent frumentaire était faible ou inexistant. Les « droits réunis », droits sur les boissons autorisant les rats de cave à pénétrer chez l'exploitant, taxe de vingt centimes par kilo de sel, monopole de l'achat, de la fabrication et de la vente du tabac en faveur de la régie des droits réunis, provoquèrent murmures puis émeutes dans les campagnes. L'impopularité des droits réunis était à son comble en 1813[1]. Beaucoup de départements accueillirent avec enthousiasme l'avènement de Louis XVIII car ils en attendaient la suppression de la régie.

Mais c'est la guerre qui a surtout contribué à détacher les paysans de Napoléon. La guerre en effet, même éloignée avant 1814 du territoire national et connue uniquement par les bulletins de la Grande Armée, n'en a pas moins eu des conséquences de plus en plus rigoureuses pour les campagnes. N'en retenons que deux : la conscription et les réquisitions. Phénomène général, la conscription par son ampleur mérite un chapitre particulier. Voyons d'abord les réquisitions en chevaux, en subsistances et en boissons, opérées contre remboursement, en faveur des armées. N'en exagérons pas l'importance avant 1809, du moins en comparaison des prélèvements considérables opérés par les autorités révolutionnaires qui indemnisaient de surcroît les paysans en monnaie de papier. Mais dans les dernières années de l'Empire, le poids des réquisitions commence à devenir insupportable dans les régions frontalières.

Le Nord

Durement éprouvé à l'époque de la Révolution, le Nord connaît un relatif soulagement au détriment de la Belgique. Déjà, en l'an VIII, dans les quatorze griefs énumérés par les départements belges, figuraient en quatrième position « les réquisitions de grains et de marchandises en tout genre[2] ». Voitures pillées en Flandre alors qu'elles prenaient le chemin de Paris, incidents créés par le logement des soldats français de passage (la petite ville de Huy, située entre Namur et Liège, dut loger, entre le 18 novembre 1805 et le 25 mai 1806, 25 600 hommes et 21 300 chevaux), aussi les bourgeois des villes s'arrangeaient-ils avec les commissaires des guerres pour que les cantonnements fussent établis dans les villages des alentours[3].

Vers la fin de l'Empire, les départements français ne sont plus épargnés. Ainsi en janvier 1813, l'Oise doit livrer 200 chevaux et comme un supplément d'un quart est permis, ce sont deux cent cinquante chevaux qui sont réquisitionnés. Ils sont payés de 300 à 400 francs; mais tous les paysans, en raison des circonstances, ne seront pas indemnisés. De plus, comme les autres départements, l'Oise doit fournir 111 cavaliers montés et équipés. D'où une très vive irritation[4].

Les régions de passage

Particulièrement frappées sont les régions de passage de troupes. La Maurienne voit défiler dans le deuxième trimestre de 1806, plus de 30 000 soldats. Les denrées réquisitionnées ne seront payées qu'avec des retards considérables. Déjà, en 1800, les sous-préfets signalaient que le département était épuisé par les fournitures militaires[5]. Le brave Feaz, dans son village, se lamente : « Il n'a pas cessé de passez pendant 2 mois que montez que descendre. C'était une chose abominable de voir tant de monde que cela a enchéri les vivres de la moitiez. On vendait 24 sols argent de France le pot de vin et 6 sols la livre du pain à Saint-Jean (de Maurienne)[6]. » L'Alsace a davantage souffert. Sa position explique qu'elle ait dû supporter « plus que toute autre province[7] » le poids des guerres allemandes. C'est ainsi qu'elle doit fournir entre le 2 septembre et le 7 octobre 1805 : 3 000 chevaux, 500 voitures, 1 500 charretiers, des bateaux et des bateliers, de la paille, du foin, de l'avoine, du froment et du seigle. En 1806, il faut transporter les troupes par le Rhin sur Mannheim et Mayence. Un nouvel effort est demandé en 1809. Les indemnisations ont été médiocres. Par rapport aux mercuriales, elles ne représentent pas 50 % de la valeur des fournitures; et encore furent-elles payées avec retard. Les paysans employés avec des ouvriers de Kehl réquisitionnés pour les fortifications reçurent, à titre de compensation, la somme dérisoire de 50 centimes et une ration de pain et de viande, pour chaque journée de travail.

Le Sud-Ouest

Tout le Bordelais se plaint amèrement de la guerre d'Espagne qui vient ajouter ses méfaits à ceux occasionnés par le Blocus continental. Les réquisitions sont particulièrement lourdes. En 1808, au moment de l'intervention française en Espagne, le préfet réquisitionne 5 400 quintaux de foin, 27 000 boisseaux d'avoine et une quantité indéterminée de blé dans les arrondissements de Lesparre et Bordeaux. Le foin est payé 4,50 francs les 50 kg et l'avoine 9 francs l'hectolitre. Or foin et avoine manquent pour le bétail de la région. Le maire de Libourne se lamente : « Le pays épuisé de fourrage a été dévasté l'année dernière pour fournir le port de Cubzac, et on entasse ici les chevaux sans prendre aucune mesure pour assurer leur nourriture. » On réquisitionne néanmoins 8 169 quintaux de foin, 2 148 quintaux de paille et 46 839 litres d'avoine en 1809, sans compter charretiers et bouviers pour leur transport.

En 1813 c'est l'eau de vie qui est réclamée, sans doute pour donner chaud au cœur aux soldats : 866 666 litres ! Cette énorme quantité suscite l'indignation des propriétaires[8]. Au cours de cette année 1813 au demeurant, les maires s'avouent un peu partout désarmés devant la résistance des paysans aux réquisitions. Les suites de la crise de 1811-1812 expliquent ce durcissement. Un durcissement auquel les levées d'hommes ne sont pas étrangères.

CHAPITRE XII

L'OGRE ET LES CONSCRITS

Un événement vient bouleverser la vie des campagnes en 1798 : la conscription. Fardeau plus lourd encore que celui des réquisitions. C'est de la conscription à laquelle la répétition a bien vite ôté son caractère exceptionnel qu'est née, après 1809, la légende de l'ogre. Un ogre qui, tel le Minotaure de l'Antiquité, réclame son contingent de jeunes hommes à dévorer. Dans cette France immobile dont l'horizon reste limité au clocher de l'Eglise, il faut soudain bouger, quitter « le pays » pour aller, non pas à la ville voisine ou même dans une autre région de France, mais dans des contrées étrangères, au climat, aux coutumes et à la langue différents, pour s'y faire probablement tuer. Même s'il existe une poste aux armées et des écrivains publics, les conscrits écrivent peu. Ils laisseront sans nouvelles leurs familles. Pour le village, celui qui a tiré un mauvais numéro à la conscription est un homme mort. Dès son entrée en vigueur la loi se heurta à des résistances. S'il n'y eut pas de révoltes violentes en France, il n'en fut pas de même en Flandre et dans le Luxembourg. En Belgique francophone, l'inquiétude n'était pas moins grande. Le département de Jemmapes devait fournir 3368 hommes. « Dans les cabarets enfumés, à l'atelier ou aux champs, les hommes se concertent, tandis qu'à la veillée, dans les corons et sur les marchés, les mères se lamentent[1]. » L'Ouest de la France, même ménagé, accueillit fraîchement le nouveau système de levée. Lors de la levée de l'an VII, 77500 conscrits sur les 150000 prévus auraient rejoint les armées du Directoire. D'emblée l'insoumission s'installait dans le pays et prenait des proportions considérables. Ne parlait-on pas au début du Consulat de 200000 irréductibles? Le nouveau régime accrut la liste des exemptions : les artistes prix de Rome, les élèves de l'Ecole polytechnique, les clercs pourvus du sous-diaconat, mais ces exemptions ne touchaient guère le monde rural.

L'impopularité de la conscription fut en partie atténuée par la paix de Lunéville, puis par celle d'Amiens. L'annonce de la fin des hostilités, largement répandue dans les campagnes, fut reçue avec enthousiasme. Les rapports des préfets, comme les délibérations des conseils généraux, mettent en lumière ce courant favorable au Premier Consul, courant plus fort encore dans les campagnes que dans les villes parce qu'on y avait davantage souffert de la conscription. Mais en même temps que l'on célébrait « le retour de nos frères » qui venaient de « servir si généreusement la patrie », c'était une modification du régime même de la conscription qui était réclamé et même, dans certains cas, un retour au système des enrôlements volontaires.

Le tirage au sort

Un rapport du 27 messidor an XII avait présenté les doléances des préfets quant au système mis en place par le Directoire.

Les préfets, lit-on dans ce rapport, trouvent que l'arrêté du 29 fructidor an XI prescrit des formalités trop multipliées, trop compliquées pour l'intelligence des maires et des officiers de recrutement. Les listes que les maires doivent faire des jeunes gens qui entrent dans leur vingtième année, sont toujours inexactes parce qu'ils y comprennent tous les individus nés dans l'année correspondante sans examen de leur existence ni de leur état physique. Plusieurs préfets proposent de dispenser de l'inscription l'aîné des frères orphelins, le fils aîné d'un cultivateur, d'un chef d'atelier, ainsi que les jeunes gens mariés; de ne comprendre sur les listes de chaque commune que les conscrits qui y ont un domicile de droit ou qui y demeurent depuis un an... Ils proposent de déclarer conscrits en activité ceux qui ne pourraient justifier d'un acte de naissance, afin d'éviter la soustraction des registres de l'état civil et ceux qui présenteraient un acte faux. Dans tous les cas, les préfets pensent qu'on doit permettre aux conscrits de se faire remplacer par des citoyens âgés depuis 18 ans jusqu'à 35 et même quarante ans, ayant les qualités requises. Pour éviter les désertions, ils croient aussi qu'il est nécessaire de faire partir en masse les conscrits presque immédiatement après le tirage au sort... Ils ont observé que l'amende uniforme de 1500 francs contre les réfractaires ou les pères et mères était illusoire. Ils proposent enfin d'accorder des indemnités aux familles des jeunes gens mariés, si on peut leur ouvrir un moyen possible pour tous de se racheter ou de se faire remplacer. Ces indemnités seraient prises sur celles payées par les réformés[2].

La lecture de ce rapport nous permet de deviner tous les drames qu'entraînait le nouveau système.

La loi du 8 fructidor an XIII (26 août 1805) définit les modalités de ce qui devint rapidement le cauchemar de la nation. Les suggestions des préfets furent négligées : on peut le déplorer; elles eussent adouci un système impopulaire qui contribua à détacher de l'Empereur une partie de la population.

Le chiffre global des conscrits est fixé par la loi et la répartition rendue publique par voie d'affiche dans toutes les communes. Chaque maire dresse pour sa commune la liste des individus concernés qui sont domiciliés dans cette commune. Doivent y figurer même les détenus. Une liste générale est établie, à partir de ces indications, pour chaque canton et affichée dans tous les villages. Un registre, ouvert dans chaque mairie, peut accueillir les réclamations. On procède dans un premier temps à la fixation du rang des conscrits. L'opération se déroule au chef-lieu du canton, sous la présidence du sous-préfet, assisté des officiers et sous-officiers du recrutement et en présence du maire ou de l'adjoint de chaque commune. La date du tirage au sort est fixée huit jours à l'avance, par voie d'affiche, à charge pour le maire de prévenir par écrit les conscrits de sa municipalité. Une fois les listes corrigées, si elles ont fait l'objet de réclamations justifiées, « en présence des conscrits, des maires, de l'officier de gendarmerie et de l'officier du recrutement, il est jeté dans une urne autant de bulletins qu'il y a de noms sur la liste générale vérifiée; ces bulletins portent un numéro différent, en commençant par le nᵒ 1 ». Chaque conscrit, suivant l'ordre dans lequel il figure sur la liste, est appelé à tirer un bulletin; si le conscrit est absent, le maire de la commune tire à sa place. Le nom de chaque conscrit, ses prénoms, son domicile, celui de ses parents, sa profession sont inscrits vis-à-vis du numéro obtenu. Ce numéro est lu par le sous-préfet à haute voix; plus le chiffre est élevé, plus le conscrit a des chances de demeurer civil. Un nᵒ 1 voue immanquablement au départ; celui qui dépasse la centaine autorise l'espoir de rester au village. Immédiatement après le tirage au sort, les conscrits sont placés nus sur le marchepied d'une toise à deux montants dont la traverse est fixée à 1,54 m. « Si le conscrit n'atteint pas la traverse, on inscrira vis-à-vis de son nom, incapable à cause de la taille. » On interroge ensuite les hommes déclarés aptes par la taille sur leurs infirmités. Dans certains cas, ne souffrant pas contestation, les hommes sont déclarés réformés sur-le-champ. Pour les autres doit se tenir le conseil de recrutement, composé du préfet qui préside, de l'officier général commandant le département et d'un major. L'examen est public, sauf « lorsque l'exige la décence ».

Seule solution possible pour échapper au service si l'on a tiré un mauvais numéro et satisfait aux conditions physiques exigées : le remplacement.

Si les conscrits d'un canton ont fait entre eux des arrangements de gré à gré pour remplir la totalité ou partie du contingent à fournir par le canton, ils seront autorisés, pendant cinq jours après la clôture des opérations du conseil de recrutement à demander au sous-préfet de substituer au nom de ceux désignés pour le contingent de l'armée active ou de la réserve le nom de ceux désignés pour faire partie du dépôt. Cette substitution ne pourra toutefois influer sur l'ordre des numéros qu'auront obtenus ceux qui n'auront pas pris part au dit arrangement; ainsi par exemple si l'individu à qui le n° 10 sera échu a fait un arrangement avec le n° 30, ils prendront réciproquement le rang l'un de l'autre et seront soumis aux mêmes obligations qu'ils auraient eues à remplir s'ils avaient d'abord obtenu le numéro auquel ils arrivent avec cette substitution.

Le remplacement est limité aux conscrits d'un même canton et de la même classe. Tout cas de désertion d'un suppléant impose pour le remplacé l'obligation de fournir un autre suppléant dans un délai de quinze jours et de le faire conduire à ses frais au corps auquel appartenait le déserteur sous peine « d'être contraint de marcher lui-même ». Un acte notarié est généralement passé entre les parties. Voici les termes d'un acte passé le 3 mars 1812, entre Bayle, fils d'un cultivateur-propriétaire de Séguret et Guintrand cultivateur à Saint-Marcellin, dans le Vaucluse :

Il est convenu que ledit Guintrand se démettra comme il se démet à titre d'échange de son numéro 108 en faveur dudit Bayle conscrit lequel se démet en contre-échange de son numéro 8 en faveur dudit Guintrand lequel sera censé avoir tiré pour son propre compte le numéro 108 tiré par ledit Guintrand[3].

Il faut faire vite pour trouver un remplaçant. Mais au pire, on peut se faire remplacer après avoir été incorporé. Ainsi, le 21 août 1810, Auguste Merles de Beauchamp, maréchal des logis au 5e de hussards à Mannheim, recrute Hyacinthe Sarnette de Cavaillon qui consent à le relever pour la somme de 5 600 francs. Mais ce cas reste exceptionnel. C'est la substitution après le tirage au sort qui demeure la règle générale. Après 1810, les difficultés pour trouver un remplaçant deviennent telles qu'on retient l'oiseau rare avant même le tirage.

Quels sont les prix pour Avignon?
— an VIII : 548 francs;
— an IX : 416 francs;
— an X : 192 francs (période de paix);
— an XI : 541 francs;
— an XII : 1 074 francs, (reprise de la guerre);
— an XIII : 2 050 francs;
— an XIV : 2 100 francs;
— 1806 : 2 880 francs;
— 1807 : 3 110 francs;
— 1808 : 4 100 francs;
— 1809 : 5 167 francs (deux fronts : l'Espagne et l'Allemagne);
— 1810 : 5 600 francs;
— 1811 : 4 437 francs;
— 1812 : 4 181 francs (probablement faut-il faire intervenir la crise économique que traverse le pays);
— 1813 : 4 900 francs;
— 1814 : 4 509 francs;

Les chiffres varient selon les régions (en Haute-Vienne, il en coûte 7 900 francs pour se faire remplacer en 1807 contre 150 francs entre 1803 et 1805[4]) mais la courbe est partout la même, à quelques anomalies près.

Le paiement comptant est rare, sans doute en raison de l'importance de la somme. Le report du règlement « après la paix générale », ou « à la fin du service », ou au « retour de l'armée » disparaît

142

après 1804, devant la prolongation des hostilités. On paie par annuités. Notons que la mort, sous les drapeaux, du suppléant n'éteint pas la dette, les légataires se substituant au créancier primitif.

On mesure l'injustice sociale que représente un tel système. Non seulement certaines régions (Paris ou la Vendée) étaient ménagées dans la répartition du contingent au détriment d'autres départements (et certains provinciaux venaient chercher dans la capitale un refuge plus sûr que dans les forêts de leur région natale), mais le remplacement introduisait une autre injustice, celle de l'argent. Seuls les riches pouvaient se faire remplacer. Certes, il importe d'introduire des nuances. Pour donner des gages au régime, les notables ne font souvent remplacer que l'un de leurs fils, les autres serviront comme officiers. Souvent ce sont les petits artisans qui se saignent pour éviter à leur fils le service militaire; en vain parfois, ainsi que le raconte Agricol Perdiguier dont le père était menuisier.

L'époque du tirage au sort de mon frère Simon arriva en 1809. Il eut un mauvais numéro. Un portefaix d'Avignon qui avait été plus heureux, offrit de faire échange de situation avec lui au prix d'une remise de trois mille francs. La proposition fut acceptée; l'argent fut compté. Le portefaix partit pour l'armée. Mais peu après on reconnut l'insuffisance du prétendu numéro sauveur, et Simon fut obligé de remplacer son remplaçant[5].

On mesure le désespoir des familles en de pareilles circonstances, plus fréquentes qu'on ne le penserait. Très souvent, on a pu le noter dans de nombreuses régions, la différence sociale est infime entre le remplaçant et le remplacé. C'est que le départ d'un fils, surtout unique, est une catastrophe pour une petite exploitation familiale, d'autant que les salaires des journaliers par suite de la raréfaction de la main-d'œuvre ne cessent de monter. C'est en revanche la misère qui pousse parfois le remplaçant, surtout avec l'assouplissement des conditions, l'instruction générale de 1811 autorisant les remplaçants de 30 à 40 ans s'ils ont déjà servi. Si dans les premières années de l'Empire, c'est le désir d'acheter une terre ou le goût de l'aventure qui pousse le jeune célibataire à partir en dépit de son bon numéro, que dire de Pécoul, cultivateur à Caderousse, en Vaucluse, père de trois enfants, qui prend le havresac en 1813 pour 3 000 francs, à 40 ans ?

Le notable s'arrangeait pour placer son fils dans les unités militaires moins exposées : c'était le cas de l'inscription maritime. De surcroît le désordre administratif viciait le système, favorisant l'homme instruit qui connaissait ses droits. Le malheureux paysan se faisait souvent gruger.

Passons sur les pratiques superstitieuses : talismans, recettes magiques, pratiques conjuratoires, prières spéciales, tout l'arsenal de la crédulité populaire exploité par des charlatans, devins et autres sorciers. Retenons les escrocs qui pullulent le jour du tirage.

Quelques intrigants, écrit le préfet de la Moselle en 1806, ont osé se vanter auprès des simples habitants de la campagne d'un crédit imaginaire; ils ont osé en étaler les promesses, en demander le prix jusque dans les salles de la préfecture... Des marchés ont été stipulés dans les cafés. Les escrocs font consigner une somme proportionnée aux facultés du jeune homme. S'il est réformé, ils gardent la somme. Ils rendent une partie seulement si le jeune homme est déclaré par le conseil de recrutement en état de servir. Un grand nombre de conscrits étant réformés pour faiblesse de constitution ou pour des maladies cachées, les intrigants pourront toujours faire regarder les réformes comme une suite et une preuve de leur crédit. En promettant de rendre l'argent si le jeune homme n'est pas réformé, et en étant exacts à tenir leur promesse, ils augmentent nécessairement le nombre des dupes qui s'adressent à eux et jouent ainsi un jeu sûr, puisqu'ils retiennent l'argent à ceux qui sont réformés. Cette corruption met un impôt nouveau et odieux sur les habitants de la campagne; elle empoisonne dans sa source l'institution si utile de la conscription. Pour mieux tromper les jeunes gens, ces misérables commencent par les effrayer sur le pays où ils doivent aller, sur la guerre, ils inspirent la peur à la plus brave jeunesse de l'univers [6].

La corruption touche également l'administration. Certains maires ne sont pas insensibles à l'argent. En revanche, on excusera celui de Lormont, en Gironde :

Ce maire avait représenté son fils lors des désignations. Il réclama son renvoi par devant le conseil de recrutement comme ayant des infirmités qui le rendaient impropre au service. Une maladie attestée par des certificats de médecins l'empêcha de se rendre aux séances du conseil. Il fut décidé qu'il se présenterait aussitôt que l'état de sa santé le permettrait. Je n'entendis plus parler de lui, ajoute le préfet de la Gironde, jusqu'au 16 de ce mois (*juillet 1807*) que j'appris que ce jeune homme se promenait dans sa commune et se portait fort bien. Je donnai l'ordre à la gendarmerie de l'arrêter chez son père et de le traduire par devant le conseil. Cet exemple était nécessaire, affirme le préfet, pour prouver à la classe indigente toujours prête à murmurer même contre des actes de justice qui la concernent, qu'il n'y a exception pour personne. Il était convenable également de punir par une sorte d'humiliation un fonctionnaire qui, par un tour d'adresse, voulait laisser accomplir le départ de la réserve avant qu'on ait prononcé sur son fils, qui a été déclaré bon et qui va être mis en route avec le reste de la réserve[7].

Des secrétaires de mairie délivrent de fausses pièces d'état civil. La loi permettant aux hommes mariés, avant le 23 nivôse an VI, d'échapper au service, on vit fleurir les attestations. En Sambre-et-Meuse : « Le citoyen Leleux ancien secrétaire de l'administration municipale du canton d'Havelange à qui avaient été confiés les registres de mariage de l'an VI, y a glissé l'acte de mariage de Jacques-Joseph Bodron et Brigitte Polet et a délivré au sieur Bodron une expédition pour le soustraire au service militaire[8]. » Faux actes de naissance et faux passeports pullulent. C'est le préfet du Lot-et-Garonne qui se plaint : « Le nommé Jean Constans conscrit de l'an X a remis au sous-préfet du deuxième arrondissement une dispense définitive fausse. Il a avoué la tenir de la demoiselle Julienne Lassaigne, moyennant une somme de 800 francs qu'il lui a comptée. C'est la seconde dispense de cette nature qui est entre les mains de M. le Procureur général impérial, et la demoiselle Lassaigne est accusée de les avoir procurées toutes les deux. On m'assure qu'il y a encore plusieurs dispenses de la même fabrique[9]. » Principaux accusés, après les employés de mairie : les officiers du recrutement. Les dénonciations sont innombrables. Le préfet de la Haute-Saône écrit au conseiller d'Etat chargé du deuxième arrondissement de la Police générale, le 3 fructidor an XIII : « Les officiers et sous-officiers de recrutement ne sont d'aucune utilité; leurs principales fonctions sont de conduire au corps les différents convois de conscrits et d'exercer la réserve. Des officiers retirés avec solde ou pension de retraite, pourraient faire cette conduite qui n'a lieu que trois ou quatre fois chaque année, cependant que les officiers de recrutement seraient envoyés à l'armée. Pourquoi cet acharnement ? Ces militaires, par leur long séjour, s'acclimatent, perdent l'esprit de leur état ou l'oublient et ne portent même pas leur costume. Tous étalent dans leur habillement et dans leur tenue un luxe étonnant; ils arrivent presque nus et bientôt on les voit chargés de parure. Un simple lieutenant perdit l'autre jour en une seule séance cinquante ou soixante louis, à la banque de la rouge et de la noire, aux bains de Luxeuil. » L'accusation est lancée : « Il est de fait qu'ils favorisent les exemptions de quelques-uns, qu'ils leur en préparent les moyens, qu'ils admettent ou refusent arbitrairement les remplacements et j'ai la conviction que tous trafiquent ou font profit plus ou moins de l'influence qu'ils ont ou qu'ils prennent ou que leur donnent les conscrits et les parents [10]. » Accusation fondée. Ne retenons que le cas de ce capitaine qui « a reçu de deux conscrits, selon le préfet de la Dordogne, 768 francs pour prix du sursis qu'il leur a délivré avec promesse de congé définitif. Ayant traité pour 150 francs de l'admission d'un remplaçant que je dus rejeter comme n'ayant pas encore atteint l'âge de la conscription, il le fit effectivement partir sous le nom du substitué à qui il donna néanmoins une déclaration de remplacement qui a été enregistrée à la municipalité de sa commune. Il avait fait marché pour l'acceptation de deux autres remplaçants dont le rejet à la préfecture fit avorter la négociation[11]. » Plusieurs officiers furent ainsi traduits devant des conseils de guerre. Notons que ce capitaine fut quant à lui acquitté.

Les déserteurs

La désertion était l'un des moyens les plus courants d'échapper au service. De la formation du détachement au chef-lieu d'arrondissement jusqu'à l'arrivée au corps d'affectation, le trajet était souvent long. Des conscrits de Limoges se trouvaient ainsi envoyés à Lille; durée du voyage : un mois. Un chef de détachement avait le commandement de la petite unité; il était muni d'un ordre de route qui lui assurait dans chaque ville d'étape dont la liste était fixée à l'avance, le gîte et le couvert. Lourde responsabilité. En l'an X, dans les Basses-Alpes, les départs étaient retardés par les neiges et l'absence des jeunes gens partis travailler dans les départements voisins; ailleurs, c'étaient les maires qui avaient égaré les listes. De plus, le moral des recrues était au plus bas. Philippe Delpuech dans son étude sur la Haute-Vienne cite des rapports qui insistent sur le sentiment de nostalgie ou même d'épouvante qui saisissait les conscrits dès qu'ils perdaient de vue le clocher de leur village. Les rixes aux étapes étaient fréquentes et il fallait parfois enfermer dans la prison municipale, le soir de l'arrivée, certains conscrits trop batailleurs ou ivres morts. Lettre du capitaine Bernard à M. Rousseau commandant la citadelle de Bayonne, datée du 25 juillet 1807, à Saint-Jean-Pied-de-Port :

Monsieur le commandant, j'ai l'honneur de vous prévenir que d'après la mission dont vous m'aviez chargé pour conduire 115 conscrits réfractaires, partis le 11 juin de la citadelle de Bayonne, dirigés vers les Sables-d'Olonne pour le 66ᵉ régiment d'infanterie de ligne, vous me donnâtes une instruction dans laquelle il était dit que, si j'éprouvais quelque refus de la part de qui que ce fût, tendant à la conservation des conscrits, de vous le faire savoir. En conséquence, étant arrivé à Mazas, l'on mit les conscrits dans des prisons sans paille, ou du moins toute pourrie, encore étaient-ils les uns sur les autres. Je fus obligé d'aller plusieurs fois chez le maire pour obtenir un autre lieu, afin d'éviter que les conscrits n'étouffassent. A force de crier, j'obtins une chambre pour en mettre quelques-uns. Arrivés à Pons, bien mouillés, l'on mit les conscrits au château sur le pavé, sans paille. J'eus beau faire voir l'instruction, je ne gagnais rien qu'à 9 heures du soir que l'on apporta cinq bottes de paille, pouvant peser 125 livres. Cela causa une insurrection que j'eus bien de la peine à calmer. A Rochefort, nous éprouvâmes bien des difficultés pour faire faire la soupe et pour la boisson. Quant à Talmont, nous éprouvâmes des difficultés bien plus grandes. Nous fûmes obligés de coucher sous la halle. J'eus beau dire que le gouvernement prétendait que l'on me fournît un local assez grand pour contenir la totalité du contingent, ils me dirent qu'ils n'en avaient point. Nous fûmes obligés de coucher avec eux, de même que les gendarmes. Ainsi, Monsieur, vous voyez si les instructions sont bien exécutées[12]. »

Parfois le convoi était attaqué par des brigands qui débauchaient les hommes. Ou encore ce sont les conscrits qui se soulevaient, rongés par la nostalgie ou excédés par les mauvais traitements. « 27 conscrits du département de la Creuse, conduits à Toulon, sous l'escorte de la gendarmerie, se sont mis en rébellion, le 2 de ce mois sur

149

les 7 heures du matin, signale le préfet de l'Allier, le 8 thermidor an XI, 14 d'entre eux ont pris la fuite dans les bois de la vallée entre La Faraudière et La Palisse, sur la route de Lyon, sans respect pour la loi à laquelle ils ont été sommés de se rendre et sans crainte des armes qui ont été déployées contre eux. Les recherches qui ont été faites de suite ont été infructueuses[13]. »

La tentation de déserter était donc très forte. Il y avait d'ailleurs une autre solution : ne pas se présenter lors de la formation du détachement; on devenait alors réfractaire. Déserteurs et réfractaires devinrent de plus en plus nombreux. En 1809, l'amnistie qui suivit la paix, touchait plus de 100 000 personnes. Beaucoup au demeurant, parmi les amnistiés, n'en surent rien.

Il en est bien certainement, indique un rapport, qui, dans la retraite qu'ils avaient choisie, n'ont point entendu parler d'amnistie, ou qui, en ayant entendu parler, ont craint de se déceler en sollicitant des explications qui auraient cependant pu les conduire à un retour à leurs devoirs. Il en est aussi qui, par trop de confiance dans la sécurité précaire que leur a procuré jusqu'à ce jour une existence vagabonde ou par une mauvaise volonté bien déterminée, ont dédaigné l'application du bienfait de l'amnistie. Il en est enfin qui, dans l'espoir d'une amnistie entière et absolue à l'époque où Sa Majesté l'Impératrice donnera un prince impérial à la France, cherchent à gagner du temps pour jouir d'un pardon absolu[14].

Scepticisme d'un autre préfet à l'égard de l'amnistie :

Elle porte sur la classe la plus grossière et la plus ignorante de la société; les individus de cette classe n'ont ni assez de lumières, ni assez de pénétration pour saisir dans la publication pure et simple d'un acte d'administration tout ce qu'il peut y avoir d'avantageux, et en général ils sont assez portés à la défiance pour considérer ces actes comme un piège tendu à leur crédulité. Il leur est impossible de concevoir des idées libérales étrangères à leurs habitudes [15].

Veut-on encore mieux connaître ces réfractaires :

La très grande majorité appartient dans ce département à des familles qui n'ont aucune propriété. Pourvu qu'ils ne soient pas saisis de leur personne, peu leur importe que leurs concitoyens soient atteints dans leurs biens. Ceux-ci devraient les repousser mais la plupart, mus par un vil intérêt, d'autres par la crainte, leur donnent de la nourriture et du travail; en sorte que fuyant les lieux où les poursuites s'exercent avec plus d'activité, ils sont en quelque sorte, sûrs de trouver un asile [16].

Le mouvement s'est amplifié après 1812. Le tableau suivant [17], officiel puisque dressé par le ministre de l'Intérieur, et resté confidentiel, donne des chiffres qui paraissent optimistes :

MINISTERE DE L'INTERIEUR

Etat destiné à faire connaître le nombre de conscrits qui, à chaque levée, étaient déclarés réfractaires

Départements	Chefs-lieux	Classes de			Total	Tiers du Total
		1811	1812	1813		
Ain	Bourg	6	4	4	14	5
Aisne	Laon	4	12	14	30	10
Allier	Moulins	2	8	27	37	12
Alpes (Basses-)	Digne	1	14	6	21	7
Alpes (Hautes-)	Gap	3	»	»	3	1
Ardèche	Privas	8	62	5	75	25
Ardennes	Mézières	»	2	2	4	1
Ariège	Foix	40	20	10	70	23
Aube	Troyes	1	19	62	82	27
Aude	Carcassonne	165	14	17	196	65
Aveyron	Rodez	115	6	31	152	51
Bouches-du-Rhône	Marseille	29	12	61	102	34
Calvados	Caen	156	128	245	529	176
Cantal	Aurillac	3	20	37	60	20
Charente	Angoulême	4	1	5	10	3
Charente-Inférieure	La Rochelle	25	12	4	41	14
Cher	Bourges	17	17	»	34	11
Corrèze	Tulle	15	9	14	38	13
Corse	Ajaccio	130	332	508	976	323
Côte-d'Or	Dijon	49	102	62	213	71
Côtes-du-Nord	Saint-Brieux	309	»	1	310	103
Creuse	Guéret	12	13	12	37	12
Dordogne	Périgueux	46	»	8	54	18
Doubs	Besançon	5	»	»	5	2
Drôme	Valence	8	»	»	8	3
Eure	Evreux	150	»	134	284	95
Eure-et-Loir	Chartres	3	1	3	7	2
Finistère	Quimper	25	3	3	31	10
Gard	Nîmes	15	6	5	26	9
Garonne (Haute-)	Toulouse	173	172	429	774	258
Gers	Auch	337	81	161	579	193
Gironde	Bordeaux	170	206	256	632	201
Hérault	Montpellier	9	8	1	18	6
Ille-et-Vilaine	Rennes	103	9	17	129	43
Indre	Châteauroux	6	9	12	27	9
Indre-et-Loire	Tours	7	4	11	22	7
Isère	Grenoble	40	»	»	40	13
Jura	Lons-le-Saulnier	29	61	14	104	35

152

Départements	Chefs-lieux	Classes de			Total	Tiers du Total
		1811	1812	1813		
Landes	Mont-de-Marsan	83	25	14	122	41
Loir-et-Cher	Blois	»	»	»	»	»
Loire	Montbrison	18	29	68	115	38
Loire (Haute-)	Le Puy	29	17	»	46	15
Loire-Inférieure	Nantes	1	»	13	14	4
Loiret	Orléans	19	8	14	40	13
Lot	Cahors	38	67	56	161	54
Lot-et-Garonne	Agen	83	»	46	129	43
Lozère	Mende	24	135	147	306	102
Maine-et-Loire	Angers	10	»	7	17	6
Manche	Saint-Lô	»	»	50	50	17
Marne	Chalons	»	»	»	»	»
Marne (Haute-)	Chaumont	1	3	49	50	18
Mayenne	Laval	13	»	8	21	7
Meurthe	Nancy	2	2	25	29	16
Meuse	Bar-le-Duc	12	42	12	66	22
Morbihan	Vannes	19	30	50	99	33
Moselle	Metz	16	15	4	35	12
Nièvre	Nevers	13	6	14	33	11
Nord	Lille	7	15	13	35	12
Oise	Beauvais	2	»	3	5	2
Orne	Alençon	9	8	»	17	6
Pas-de-Calais	Arras	22	12	25	59	20
Puy-de-Dôme	Clermont	150	106	47	303	101
Pyrénées (Basses-)	Pau	97	155	92	344	115
Pyrénées (Hautes-)	Tarbes	48	3	11	62	21
Pyrénées-Orientales	Perpignan	38	63	49	150	50
Rhin (Bas-)	Strasbourg	89	37	49	175	58
Rhin (Haut-)	Colmar	4	»	»	4	1
Rhône	Lyon	16	2	19	37	12
Saône (Haute-)	Vesoul	2	12	»	14	5
Saône-et-Loire	Mâcon	87	177	65	329	110

Départements	Chefs-lieux	Classes de			Total	Tiers du Total
		1811	1812	1813		
Sarthe	Le Mans	»	»	3	3	1
Seine	Paris	404	413	213	1 030	343
Seine-Inférieure	Rouen	149	52	61	262	87
Seine-et-Marne	Melun	40	89	97	226	75
Seine-et-Oise	Versailles	5	»	22	27	9
Sèvres (Deux-)	Niort	5	2	»	7	2
Somme	Amiens	36	18	19	73	24
Tarn	Alby	40	6	»	46	15
Tarn-et-Garonne	Montauban	51	14	7	72	24
Var	Draguignan	18	7	2	27	9
Vaucluse	Avignon	17	12	8	37	12
Vendée	Bourbon-Vendée	5	4	3	12	4
Vienne	Poitiers	22	11	10	43	14
Vienne (Haute-)	Limoges	73	3	24	136	45
Vosges	Epinal	»	»	6	6	2
Yonne	Auxerre	4	»	»	4	1
Totaux		4 040	2 995	3 606	10 641	3 547

On est surpris des fortes défections de 1811. La
guerre d'Espagne avait mauvaise réputation. Les
totaux, certes importants, ne sont pourtant pas
aussi considérables qu'on pouvait l'attendre à la
lecture de témoignage contemporain : 10641 pour
trois ans. Mais il ne faut pas oublier qu'il ne s'agit
que des réfractaires, absents au moment du
départ pour l'incorporation. Les déserteurs ne
figurent pas sur ces tableaux. Ils seront nombreux à partir de 1812. On ne perdra pas de vue
d'autre part qu'il s'agit de chiffres fournis par les
préfets qui avaient tendance à les réduire, leur

note administrative dépendant du bon fonctionnement de la conscription dans leur département.

Les moyens utilisés pour lutter contre l'insoumission et la désertion se révèlent insuffisants. Que signifie une amende pesant sur des villages sans ressources ? L'entretien des garnisaires semblerait avoir donné de meilleurs résultats, après reconnaissance de sa légalité par le conseil d'Etat, le 12 mai 1807 :

Les garnisaires marchaient avec un huissier qui était chargé d'assurer la solde et la subsistance des forces de l'ordre. L'huissier se présentait chez la personne dont un membre de la famille était déserteur, et la mettait en demeure de verser à la mairie les indemnités nécessaires à la subsistance de deux militaires pendant cinq jours. Si, à l'expiration de ce délai, le conscrit déserteur n'était pas revenu au domicile, un nouveau délai s'écoulait, et ainsi de suite de cinq jours en cinq jours. On procédait également à la saisie et à la vente des biens de la maison du réfractaire. Il fut même proposé par le préfet des Pyrénées-Orientales une méthode fiscale bien plus dure. Il s'agissait tout simplement de proclamer la solidarité de tous les habitants d'une même commune en cas d'insolvabilité des déserteurs et réfractaires et d'intéresser les plus gros propriétaires à la reddition des conscrits les plus pauvres [18].

Les méthodes des garnisaires inspiraient une horreur profonde. Le préfet du Cher dénonce les excès commis en nivôse an IX :

Des détachements de dragons ont parcouru les campagnes en qualité de garnisaires et à tous les points, le séjour a été marqué par des concussions et des voies de fait. Les vexations devraient être prévenues par les maires. Les maires ? Ils en ont été les premières victimes.

155

Choisis pour la plupart dans la classe des cultivateurs, quels moyens pourraient-ils opposer à la cupidité secondée par la force? Plusieurs ont été contraints de payer de leurs propres deniers pour les absents, l'un d'eux a même été frappé dans l'exercice de ses fonctions par un soldat nommé Germain qui, traduit depuis plusieurs mois sur ma demande au conseil de guerre de Poitiers, ou n'a pas subi de jugement, ou vraisemblablement a été acquitté. Des vieillards, des femmes enceintes ont éprouvé les mêmes traitements. Pendant le séjour des garnisaires, un deuil universel s'est répandu dans les campagnes.

Exaspération qui se traduit par l'assassinat de garnisaires, ou encore par des heurts entre gendarmes et paysans quand des réfractaires sont arrêtés. Les rapports de gendarmerie, surtout après 1809, font fréquemment état de ce genre d'incident. Jets de pierres, bagarres, barricades sont le lot de la gendarmerie dans sa lutte contre les réfractaires qui bénéficient de la complicité des populations. Notons par exemple ce rapport du préfet des Ardennes en l'an XII : « Le brigadier de gendarmerie ... ayant reçu l'ordre d'arrêter plusieurs déserteurs, se rendit avec un gendarme, *travestis en cultivateurs*, dans la commune de Château-Porcien. Ils étaient déjà parvenus à arrêter le nommé Jean-Nicolas Vignon déserteur de la 14e de ligne, lorsqu'un rassemblement provoqué par l'épouse, le père et la mère du déserteur, les assaillit et les força à l'abandonner. Le brigadier fut pris par les cheveux, dont on lui arracha une partie, on s'empara de l'autre gendarme... » Vignon put finalement s'enfuir. A Couvin, dans les Ardennes toujours, ce sont des hommes armés et masqués qui libèrent un conscrit déserteur. Rares sont les individus comme le père d'Agricol Perdiguier renvoyant à l'armée l'un de ses fils qui a déserté.

Mais ce qui horrifie le plus ce sont les mutilations volontaires que s'imposent certains mauvais numéros pour ne pas partir. « Des jeunes gens, écrit Girardin, préfet de la Seine-Inférieure, se sont fait arracher toutes les dents pour ne point servir. Quelques-uns s'étaient fait des plaies aux bras et aux jambes par application de vésicatoires et pour rendre ces plaies pour ainsi dire incurables, ils les ont fait panser avec de l'eau imprégnée d'arsenic. Beaucoup se sont fait donner des hernies soufflées, quelques-uns appliquent sur les parties de la génération des caustiques violents. » 1813 fut l'année la plus difficile. Ne retenons que le témoignage de Caffarelli à Troyes, à la fin novembre :

On vient de faire une levée de 120 000 hommes. Elle a causé quelques murmures. On a obéi cependant, mais on souffre. Les paysans se saignent pour donner à leurs enfants ce qu'ils peuvent arracher à leur misère ou soustraire aux poursuites des percepteurs. Le récit des désastres de l'armée, la vue des blessés qui arrivent dans les hôpitaux ne leur inspirent que plus d'intérêt pour ceux qui vont courir les mêmes chances. Aussi le recouvrement des contributions se fait-il avec une peine extrême. On va lever des chevaux : les ordres donnés pour en lever trois cents ne seront pas exécutés ou ne le seront que d'une manière très imparfaite. La levée de 300 000 hommes est ordonnée; elle doit porter sur les classes presque épuisées, notamment les sept dernières années dans lesquelles je viens de désigner tout ce qui peut marcher. Comment trouver le contingent qui sera assigné ? Ce sera impossible. Et qu'on ne se le dissimule pas : l'habitant des campagnes est exaspéré au plus haut degré. Il voit que ses charges augmentent quoique ses moyens diminuent par l'enrôlement des jeunes gens. Une multitude de fermiers remettent les terres qu'ils ont à loyer ou ne veulent les conserver qu'à des conditions très onéreuses pour les propriétaires. Comment ceux-ci paieront-ils les charges publiques qui sont plus que doublées, lorsque retirant très peu de leurs terres, ils ont une peine infinie à se procurer un écu? A ces maux que je n'exagère nullement, il faut joindre un découragement sans bornes. Il ne va pas jusqu'à la mauvaise volonté déclarée. L'habitant est bon, soumis, obéissant; il ne donnera pas le signal de la révolte, mais si ses voisins le donnent, il suivra leur exemple, et alors, il n'y aura pas moyen de l'arrêter[20].

Texte capital sur le désenchantement des campagnes dans les derniers mois de l'Empire.

Le malaise rural

Un climat d'insécurité dû à la présence dans les forêts de bandes armées, parfois inorganisées mais qui se transforment à l'occasion en compagnie de brigands; l'irritation suscitée par les garnisaires, étrangers au département, qui s'installent dans les villages de réfractaires; les rondes incessantes de gendarmes; les crises de désespoir qui suivent les tirages au sort, les mutilations horribles que s'infligent certains malheureux pour ne pas partir et les sanctions officielles qui en résultent; tout cela vaut à la conscription une impopularité qui éclabousse l'Empereur. Sauf dans quelques régions frontières, le sursaut national face à l'invasion reste médiocre, réflexe d'autodéfense plutôt que d'attachement à la cause impériale. Ce n'est que plus tard, sous la Restauration, que Napoléon retrouvera une popularité perdue en 1813, grâce à cette armée démobilisée de paysans, grâce précisément à ces conscrits qui, de retour dans leurs foyers, entretiendront du récit quelque peu embelli de leurs campagnes, les longues veillées d'hiver, ressuscitant, comme l'a bien montré Balzac, le culte de l'Empereur.

DEUXIÈME PARTIE

LA ROUTE

« La pluie qui tombait par tor-
rents, la route fort mal entretenue
qui n'était qu'une suite de fondrières,
ne me permirent pas de continuer
mon voyage à pied, et je pris la diligence de Bordeaux à Paris. C'était le
bon temps pour voyager. »

POUMIÈS de la SIBOUTIE,
Souvenirs d'un médecin de Paris,
p. 80.

Voyager est une nécessité que la France n'avait pas ignorée sous l'Ancien Régime. Les douanes intérieures, l'inconfort des auberges, l'insécurité des routes constituaient autant de désagréments qui n'ont qu'en partie disparu à l'époque napoléonienne. Le voyage est encore une entreprise périlleuse sous l'Empire : voitures versées et attaques à main armée sont toujours aussi nombreuses. Le premier inconvénient a inspiré une curieuse toile à l'architecte Fontaine, le second remplit les colonnes des registres de police et les rapports des préfets.

On a fait de Napoléon un constructeur de routes et l'image n'est pas fausse : mais le réseau part de Paris pour atteindre des objectifs stratégiques; il unifie dans un esprit romain plutôt qu'il ne relie dans un souci de commodité; il est destiné aux soldats de préférence aux civils. Ceux-ci sont voués aux chemins boueux, aux cahots de la malle, à la friponnerie des postillons et aux punaises des auberges.

CHAPITRE PREMIER

LES ROUTES

Napoléon a laissé à la postérité l'image d'un grand constructeur de routes. S'inspirant de l'exemple romain, il a vu dans les voies de communication un moyen de renforcer l'unité de son empire. « De tous les chemins ou routes, ceux qui tendent à réunir l'Italie à la France sont les plus politiques », écrit-il, le 13 mai 1805. Et le 17 août 1811 : « La chaussée d'Amsterdam à Anvers rapprochera cette première ville de Paris de 24 heures et celle de Hambourg à Wesel rapprochera Hambourg de Paris de 4 jours. Cela assure et consolide la réunion de ces pays à l'Empire[1]. »

Les intérêts commerciaux ne sont pas perdus de vue. L'exportation des produits français sur le continent où ils sont appelés à remplacer les marchandises anglaises, doit être facilitée par tous les moyens.

Il faut aussi prévoir les déplacements de troupes. L'importance stratégique de la route est donc primordiale chez un chef d'Etat qui est avant tout un chef de guerre.

L'héritage du Directoire

Les routes, à la fin du XVIIIᵉ siècle, étaient surtout faites « en jard », ou gros sable, et plus rarement en pavés. Elles nécessitaient beaucoup d'entretien : or la disparition de la corvée, puis les troubles révolutionnaires leur portèrent un coup fatal.

Dans la Creuse, la statistique de l'an IX donne une description inquiétante de l'état des communications. Deux routes totalement terminées traversent le département; elles se dirigent du chef-lieu, l'une vers Paris par Montluçon et Moulins, l'autre sur Limoges par Bourganeuf. Il en avait été commencé d'autres « que la modicité des fonds n'a pas permis de continuer ». Aucune n'est plantée d'arbres. « Il est à regretter, selon l'auteur de la statistique, qu'il y ait aussi peu de communications. Les chemins vicinaux si nécessaires pour le commerce intérieur sont impraticables en beaucoup d'endroits². »

Tous les rapports des conseillers d'Etat envoyés en mission dans les régions militaires au début du Consulat signalent cet état de délabrement, surtout aux frontières, où le passage des armées et des convois avait détérioré les chaussées. Détériorations d'autant plus faciles que Français de Nantes, dans un rapport signale que « l'on emploie les pierres tendres et schisteuses qui, au bout de deux mois, ne feront qu'augmenter le volume de la vase » et qu'au lieu « de fixer les pierres par un pavé, on se borne à les entasser et à les couvrir de graviers ». « A la vérité, note un autre conseiller d'Etat, Duchâtel, à propos de l'Isère et de la Drôme, j'ai vu en plusieurs lieux que l'on avait apporté des cailloux, des graviers etc. pour recouvrir les routes dans les endroits les plus défoncés; mais le mal est devenu si grand qu'il y a tout à craindre qu'on ne s'aperçoive presque pas des dépenses qu'on aura faites pour donner une légère couverture aux ornières, je dirai volontiers aux précipices, que l'on rencontre si fréquemment et où des voitures risquent à chaque instant de se perdre[3]. »

La moyenne générale « serait d'un tiers de routes totalement enfoncé, un tiers de mauvais et un tiers bon ».

Le redressement

L'attention portée par Bonaparte aux problèmes de la route s'est traduite par la création d'une direction générale des Ponts et Chaussées. Tous les hivers, Napoléon tenait par ailleurs des conseils d'administration. « J'y mettais sous les yeux de l'Empereur, écrit Molé qui fut directeur général, les budgets raisonnés, présentant le tableau des grands travaux entrepris, routes nouvelles, rectifications de routes anciennes, ponts, canaux, améliorations de la navigation dans nos rivières[4]... »

Le corps des Ponts et Chaussées comprenait 5 inspecteurs généraux, 15 inspecteurs divisionnaires, 134 ingénieurs en chef, 306 ingénieurs ordinaires.

La discipline du corps fondée sur la subordination hiérarchique était rigoureuse. L'ingénieur, quel que fût son grade pouvait être mis aux arrêts par son supérieur, à charge d'en rendre compte au directeur général. Nul ne pouvait quitter sa circonscription sans y être autorisé. Le port de l'uniforme réglementaire devint obligatoire en toutes circonstances[5].

Des traitements élevés et la Légion d'honneur tenaient lieu de compensation. La main-d'œuvre spécialisée était insuffisante; on utilisait des indigents en période de crise et souvent des prisonniers de guerre recevaient une indemnité. Mais c'est surtout l'argent qui faisait défaut. Au début de l'année le préfet traçait un programme de travaux, passait les adjudications et délivrait aux entrepreneurs les mandats de paiement. Toutefois les conseils généraux se plaignaient que les moyens des départements fussent hors de proportion avec les dépenses nécessaires. Le produit de la taxe d'entretien des routes rentrait mal. Le conseil général du Loiret parle d'un impôt désastreux et vexatoire. Duchâtel observe en l'an IX: « Cet impôt a été vu avec tant de défaveur, il est supporté avec tant de répugnance, il donne lieu à tant de querelles et de vexations que j'ai vu soupirer après le rétablissement de la corvée. Outre ce que l'on trouve de vexant dans cet impôt, c'est qu'il faut le payer en sortant d'une ornière ou lorsqu'on est prêt à s'y perdre[6]. » La taxe fut abolie en avril 1806 et remplacée par un impôt sur le sel dont le rendement ne fut guère meilleur.

En 1811, on procéda au classement des routes. Les *routes impériales* comprenaient trois catégories : l'Etat supportait leur entretien, sauf pour la 3e classe où le département assurait une partie des dépenses. Les *routes départementales*, étaient entièrement à la charge du conseil général. Quant aux *chemins vicinaux*, c'est à la commune seule qu'il appartenait de subvenir aux frais de viabilité.

Les grands axes

Dans le décret du 16 décembre 1811, 14 routes impériales sont considérées comme de 1ʳᵉ classe. Elles correspondent aux grands axes de circulation. Toutes partent de Paris vers les frontières. Parmi elles : la n° 2 de Paris-Amsterdam, par Bruxelles et Anvers; la n° 3 Paris-Hambourg, par Liège, Wesel et Brême; la n° 4 Paris-Mayence; la n° 6 Paris-Rome par le Simplon, Milan, Florence; la n° 7 vers Milan par le Mont-Cenis et Turin. De là pour ces dernières voies, l'importance des cols[7]. La route du Simplon fut inaugurée le 9 octobre 1805, mais les travaux ne furent achevés qu'en 1809. Le passage du Mont-Cenis fut ouvert entre 1803 et 1806. Une autre route accessible l'hiver joignait Paris à Rome par Roanne, Lyon, la vallée du Rhône et la corniche.

Citons une voie dont l'importance devint considérable à partir de 1808, la route n° 11 en direction de Bayonne. Et n'oublions pas les routes en direction de l'Ouest[8].

Les routes de 1ʳᵉ classe furent dans l'ensemble bien entretenues au témoignage des contemporains et si l'on en croit les enquêtes des Ponts et Chaussées[9]. Les routes départementales valurent ce que valaient les préfets. Quant aux chemins, ils restèrent à la discrétion des usagers, les communes paraissant s'en désintéresser.

CHAPITRE II

COMMENT VOYAGER

Il est recommandé à qui veut bien voyager de prendre certaines précautions. De là les innombrables conseils prodigués dans les almanachs et les guides.

Les guides de voyage

Parmi les guides le plus célèbre et le moins encombrant est le Reichard, le plus documenté l'*Itinéraire complet de l'Empire français*, en trois volumes, plusieurs fois réédités en 1806 et 1811. N'offre-t-il pas « la topographie détaillée de 344 routes de poste et de 245 embranchements de route traversant les cent trente départements de la France » ?

Nous entendons par topographie détaillée, écrit Langlois, l'auteur de l'*Itinéraire*, l'indication exacte de tout ce que le voyageur rencontre sur sa route, et de ce qu'il aperçoit à droite ou à gauche : comme fourches de route, chemins et sentiers qui abrègent; villes, bourgs, villages, hameaux, châteaux, manufactures, usines, moulins, ponts, rivières, cascades, cataractes, ruisseaux, lacs, étangs, fontaines, eaux minérales, montagnes, côtes, collines, pentes, vallons, belles vues.

Livre quelque peu fastidieux. Qu'on en juge par cet extrait : « Sortant de Beauvais, on passe près de Notre-Dame du Thil ; on laisse à droite le chemin de Conty, à gauche les Montmilles. On côtoie la rive du Thérain. A Troisereux : côte rapide. » Mais les descriptions des villes en rompent la monotonie. Si elles ne vont pas jusqu'à mentionner « les mauvais lieux », elles indiquent les monuments à voir et les bonnes tables. Au demeurant l'ouvrage est plein de bons conseils empruntés au guide de Reichard.

Pour le transport de ses affaires, le voyageur doit utiliser de préférence un coffre. Il y a différentes sortes de malle. La plus courante est la *vache,* recouverte en cuir et fermée par un cadenas. Il ne faut la remplir que d'objets de peu de poids, les effets les plus lourds étant réservés au coffre. Deux précautions utiles. D'abord se munir d'un drap de lit et de deux peaux de cerf tannées et cousues ensemble ; « arrivé dans l'auberge, on étend ces peaux sur le lit ou matelas, on les recouvre de son propre drap, et par ce moyen on empêche toute espèce de vapeur nuisible qui pourrait s'exhaler du lit de la maison. » Autre précaution : se munir d'un pistolet à deux coups ; il en impose à l'agresseur qui aperçoit « deux batteries dirigées contre lui » et les chances sont accrues de voir l'un des deux coups partir. Le raffiné ajoutera une troisième précaution : le rouleau de voyage.

Il rend le mouvement de la voiture infiniment plus doux. Souvent on ne peut ni dormir ni même appuyer sa tête; la laisser pendre en se tenant assis sans autre communication avec la voiture que son siège, est tout aussi incommode. Le rouleau au contraire prévient cet inconvénient. C'est un bourrelet de six pouces d'épaisseur, fait de peau de mouton fine, rempli de duvet d'oie, mais tassé de manière qu'il puisse s'appliquer facilement, partie autour du cou et s'attacher par devant aux deux extrémités avec des courroies; et même dans les auberges, on peut en faire, en le pliant, un oreiller fort propre[1].

Les modes de transport

Plusieurs solutions s'offrent au voyageur : prendre sa propre voiture s'il est suffisamment fortuné, aller à pied s'il est trop pauvre, ou encore, mode intermédiaire, prendre la poste aux chevaux en utilisant le service des malles.

Marcher n'est pas pour effrayer les contemporains de Napoléon. De là l'extraordinaire endurance des soldats de la Grande Armée. En veut-on une idée? Le carnet de route de Jacquin, grenadier à la 37e demi-brigade de ligne nous fournit de précieux renseignements : 1er novembre 1808 : 28 km; 2 novembre : 32 km; 3 novembre : 56 km; 4 novembre : 24 km; 5 novembre : 36 km; 6 novembre : 20 km; 7 novembre : 32 km; 8 novembre : repos; 9 novembre : 32 km; 10 novembre : 32 km; 11 novembre : 32 km; 12 novembre : 32 km; 13 novembre : 24 km; 14 novembre : repos; 15 novembre : 28 km[2], etc. C'est le rythme, avec de plus longs arrêts, des compagnons qui faisaient leur tour de France. La durée d'existence d'une paire de chaussures correspond à peu près à la distance de Paris à Poitiers.

Mais l'on emprunte, malgré tout, pour de longues distances, la poste aux chevaux. Celle-ci est régie par la loi du 19 frimaire an VII :

Nul autre que les maîtres de poste munis d'une commission spéciale, ne pourra établir de relais particuliers, relayer ou conduire à titre de louage, des voyageurs d'un relais à un autre, à peine d'être contraint de payer, par forme d'indemnité, le prix de la course, au profit des maîtres de poste et des postillons qui auront été frustrés. La prohibition ne s'étend pas aux conducteurs de petites voitures non suspendues, connues sous le nom de pataches ou carrioles, et allant à petites ou grandes journées dans l'intérieur de la France, non plus qu'à ceux de toute autre voiture de louage, allant constamment à petites journées et sans relayer. Sont exceptés les relais qui seraient établis pour le service des voitures publiques partant à jour et heures fixes, et le transport des dépêches partout où les maîtres de poste n'en seraient pas chargés, lorsque ces relais seront bornés au service qui leur est attribué.

Le service des malles se fait au départ de Paris pour Caen, par Rouen; pour Lille par Amiens; pour Bruxelles par Saint-Quentin et Valenciennes; pour Nantes par Chartres et Tours; pour Calais par Beauvais et Abbeville... Mais des lignes relient Lyon à Marseille, Lyon à Turin par Chambéry et Lyon à Strasbourg par Besançon et Belfort; Strasbourg à Mayence, Caen à Cherbourg, Rouen au Havre, Bruxelles à Anvers, Lille à Gand, Mézières à Liège, Turin à Milan par Verceil, Turin à Plaisance; réseaux indépendants de celui de Paris, mais qui le prolongent.

L'almanach des Postes publié chaque année, sous le titre d'*Etat général des postes et relais de l'Empire français,* indique au voyageur tous les relais et les tarifs, ouvrage indispensable si l'on en croit les plaintes fréquentes formulées contre la friponnerie des postillons.

Les Messageries ont leurs clients. Une première société avait été fondée en 1798 rue Notre-Dame-des-Victoires, alors rue des Victoires nationales. Elle se heurta au mauvais état des routes, aux réquisitions militaires et aux droits de barrière établis par le Directoire. Un décret du 20 mai 1805 lui évita toute concurrence en soumettant à l'autorisation préalable du ministre des Finances la création de nouvelles sociétés. Le 2 juillet 1808, la société de la rue Notre-Dame-des-Victoires recevait la permission de subsister jusqu'au 31 décembre 1840. Elle reçut une organisation définitive par le décret du 4 décembre 1809 et prit le nom de Société des Messageries impériales à capital de deux millions[3]. Cet établissement, explique l'*Etat général des postes...* de 1811, « spécialement chargé des transports du gouvernement et des administrations publiques offre au commerce et aux particuliers une centralité de services sur tous les points de l'Empire français et, par ses correspondants, dans le Piémont, l'Italie, l'Allemagne, la Suisse ».

L'Etat... donne les jours et heures de départ. Il faut huit jours pour Toulouse, 6 pour Genève, 5 pour Besançon, Bordeaux (par Orléans), Lyon (par Moulins), Mayence, Strasbourg, 4 pour Nantes, Rennes, Sedan, Liège, 3 pour Bruxelles, Lille, Metz, 2 pour Tours, I pour Chartres, 18 heures pour Rouen par Mantes. Longs délais mais qui s'expliquent par les obligations imposées aux conducteurs : les voitures doivent aller en pleine campagne au petit trot, au pas dans les villages; le galop est interdit. Veut-on les impressions d'un voyageur ? Poumiès de la Siboutie nous a laissé un récit de son voyage d'Angoulême à Paris :

Je pris la diligence de Bordeaux à Paris. Cette voiture était lourde, grossière, mais assez commode; elle avait six places d'intérieur, trois de coupé, qu'on appelait alors cabriolet. Nous étions au grand complet : neuf voyageurs et le conducteur. J'eus une place dans le cabriolet, dont le prix était inférieur aux places d'intérieur. La voiture, les chevaux, les harnais avaient une pauvre mine. Le cabriolet ou coupé fermait avec deux rideaux de cuir percés de deux ouvertures rondes garnies de verres. On partait le matin à six ou sept heures, on s'arrêtait vers midi pour déjeuner et on y mettait tout le temps. Le soir, on dînait et on se couchait jusqu'au lendemain. On mettait ainsi cent vingt heures pour faire le voyage de Bordeaux à Paris. Cette voiture, qu'on appelait la messagerie, était la seule qu'on trouvât sur cette route. Elle appartenait aux Messageries impériales qui n'avaient pas de concurrence. Ces voyages coûtaient fort cher : d'abord le prix des places était très élevé; et les pourboires à chaque relais, les auberges, etc., tout cela triplait la somme[4].

Le coche d'eau était également apprécié. Tascher note dans son journal :

Il est tout aussi prompt et beaucoup moins fatigant de prendre la poste par eau. Je me suis donc embarqué dans le coche chargé de marchandises et d'une cinquantaine de passagers. Une chambre fort propre et garnie en velours y est exclusivement réservée aux voyageurs qui ont le cap sur Paris. Quatre chevaux de poste, toujours au grand trot, sont attelés à notre bâtiment qui semble glisser sur les eaux. Mais si nos matelots n'ont pas grande fatigue, en revanche les postillons du bâtiment ont besoin de beaucoup de courage et d'adresse : la rivière débordée couvre à perte de vue les prairies voisines, de sorte que souvent les chevaux des postillons sont à la nage et ceux-ci debout sur leurs chevaux. Afin que le courant ne les entraîne pas, dans les endroits trop profonds, le bâtiment dépêche une chaloupe pour soutenir la tête des chevaux[5].

CHAPITRE III

QUI VOYAGE ?

BIEN sûr, les guides de Reichard et de Langlois s'adressent aux riches voyageurs, à ceux que Stendhal désignera un peu plus tard sous le nom de « touristes »[1]. Simples curieux ou enquêteurs professionnels, tel ce Nemnich qui publiera chez Cotta en 1810 sa relation de voyage, essentiellement fondée sur la description des activités économiques de la France. On part avec le *Millin* faire un voyage archéologique dans le Midi, à moins que l'on n'aille prendre les eaux à Aix ou à Plombières, à Luchon ou à Cauterets, à Acqui ou à Spa[2]. Il ne s'agit là que d'amateurs fortunés que dirigent leurs caprices et qui ne représentent qu'un infime pourcentage. Rappelons que pour circuler sur les routes, un passeport délivré par les maires est nécessaire. Une surveillance spéciale est même établie sur les gens de couleur.

Les soldats

Ce qui frappe d'abord, c'est le nombre de soldats que l'on rencontre sur les routes, en unités ou isolés, à pied ou profitant des charrois. Fourgons et charrettes, calèches et landaus, caissons et chariots sillonnent les routes, transportant munitions et vivres, plus rarement les hommes[3]. C'est sur les routes de l'Est, puis, à partir de 1808, du Sud-Ouest, que les mouvements de troupes deviennent incessants. Ces déplacements ne vont pas sans incidents, en raison des réquisitions qu'ils entraînent, et aussi, parce que les unités régulières sont suivies de traînards et de déserteurs, s'égayant dans la campagne, volant quelques fruits ou une poule, molestant un paysan ou troussant une fille.

Les nomades

Absents des statistiques, ils n'en sont pas moins les plus nombreux sur les routes. Pourtant, on les chasse impitoyablement. Les plaintes s'accumulent contre les tsiganes, considérés par le préfet du Bas-Rhin, comme des « individus dangereux ». Le préfet des Basses-Pyrénées écrit de son côté au ministre de la Police, le 16 août 1802, pour dénoncer les vols et dégradations qu'ils commettent : « Il serait digne de la sagesse du gouvernement d'envoyer cette caste nomade dans une colonie où elle serait forcée de pourvoir par son travail à sa subsistance. » Ayant obtenu carte blanche de Paris, il organise une vaste battue dans la nuit du 6 au 7 décembre 1802 : plus de 500 personnes sont arrêtées. On avait prévu leur déportation en Louisiane mais la guerre maritime interdit leur transport en Amérique; on décide donc, dans un premier temps, de les faire participer à la mise en valeur du département des Landes, puis, devant les objections, de les rassembler

178

dans des dépôts. De là, on en envoie comme main-d'œuvre sur les chantiers publics. Les hommes employés à la construction des routes dans les Hautes-Alpes s'évaderont ou mourront d'épuisement.

La proscription s'étend au Gers et aux Landes. Le préfet du Lot-et-Garonne donne la chasse aux « fripons ambulants ». Dans le Mont-Blanc et les Pyrénées-Orientales, on les expulse à la frontière. Le tsigane n'a pas sa place dans une société d'ordre[4]. On tolère toutefois certains forains : montreur d'ours ou de marmottes, d'ombres chinoises, de figures de cire ou d'animaux empaillés, tels ceux que va voir à Avignon le petit Agricol Perdiguier[5].

Plus inquiétants sont les mendiants qui se déplacent en général isolément, mais qui vont aussi en bande, surtout dans les périodes de crise. Ils se rendent de ferme en ferme, réclamant un peu de pain ou une écuelle de soupe, demandant un abri pour la nuit. Perpétuels errants, ils limitent pourtant leurs pérégrinations à une région donnée, tâchant d'éviter les patrouilles de gendarmes. Le mendiant, celui qu'on qualifie d'errant, n'est pas obligatoirement un vieillard, le chemineau immortalisé plus tard par Richepin. Si l'on dépouille les rapports de gendarmerie, plus de 60 % ont moins de quarante ans. Toutefois les ponctions opérées par la conscription ont notablement réduit les effectifs d'entre vingt et vingt-cinq ans. Dans cette tranche d'âge dominent les infirmes. Notons également que les femmes sont moins nombreuses que les hommes : à peine 30 %, alors que l'on trouve une proportion féminine bien plus forte à la ville. Les conditions difficiles de la mendicité rurale expliquent peut-être cette supériorité masculine.

Comment — en dehors de la désertion — devient-on mendiant? L'invalidité, le manque de travail ou plus exactement le refus d'accomplir certaines tâches (alibi commode de la paresse, car les ouvriers ruraux sont très recherchés en cette période de pénurie de main-d'œuvre), coup dur affectif : telles sont les raisons les plus invoquées. On observe une écrasante majorité de campagnards, comme si le mendiant urbain hésitait à sortir de la ville, encore que des Parisiens hantent les plaines de l'Ile-de-France. C'est le prolétariat rural qui fournit l'essentiel des effectifs, prolétariat sans qualification, ce qui explique l'éventail et le vague des professions déclarées : garçons de cour, batteurs en grange, gardiennes de chèvres ou même tisserands. Quelquefois le passage au stade de l'errant s'est opéré lors d'un déplacement, par exemple du bocage normand en Beauce ou en Brie. A la recherche d'un travail le migrant saisonnier s'est transformé en errant perpétuel. C'est aussi l'évasion d'une prison, d'un hospice, d'un dépôt de mendicité qui jette l'individu sur les routes. L'absence de famille (beaucoup d'enfants trouvés) explique le déracinement. La perte du domicile (incendie, vente pour subvenir à des dépenses imprévues) précipite fréquemment le glissement. Au départ source occasionnelle de ressource, la mendicité devient vite professionnelle.

Chaque mendiant a son itinéraire. Sur la route, il est seul pour ne pas se faire remarquer; mais l'arrivée dans une ferme se fait le plus souvent par groupe de deux à trois. Il existe en effet des associations entre jeunes et vieux ou hommes et femmes. Des couples illégitimes se forment et se défont. Mais surtout, on bénéficie de l'expérience d'autrui, on échange des renseignements, on se communique les bonnes fermes. Malheur au paysan isolé qui refuse de les recevoir : sa récolte sera incendiée, ses vaches empoisonnées, lui-même peut-être bousculé et volé. Accueillis dans une grange ou une étable, les mendiants reçoivent une soupe dans une marmite collective et un morceau de pain.

De la mendicité on passe aisément au brigandage. De là les mesures sévères prises contre ces errants sous l'Empire. L'article 269 du code pénal assimile le vagabondage à un délit. Sont réputés vagabonds « ceux qui n'ont ni domicile certain, ni moyens de subsistance et qui n'exercent habituellement ni métier ni profession ». Passibles de peines correctionnelles, les mendiants doivent, après un séjour en prison, être enfermés dans des dépôts de mendicité. Mais ceux-ci font encore défaut, en 1814, dans de nombreux départements.

Les migrations saisonnières

La route s'anime, à certaines saisons, des déplacements d'ouvriers qui vont chercher à la ville — Paris de préférence où les salaires sont plus élevés — le travail que leur proposent les entrepreneurs du bâtiment au printemps. Maçons de la Creuse et de la Haute-Vienne, tailleurs de pierre du Calvados et de la Manche, mais aussi porteurs d'eau du Puy-de-Dôme, décrotteurs, portefaix, ramoneurs de Savoie, tailleurs de Flandre, horlogers suisses, ouvriers de précision allemands, etc. L'émigration se fait en bande, sous la direction d'un compagnon expérimenté. Voici les maçons du Massif central :

Ils descendaient du 1er mars au 15 avril par troupes de 20 à 30 hommes. Ils se réunissaient et s'organisaient à Felletin. Là, ils prennent un chef : c'était un homme d'un certain âge, qui avait acquis de l'expérience dans ses précédentes « campagnes », et qui était, ou un petit entrepreneur ou un maître compagnon. Il se chargeait des frais du voyage, de la nourriture, du logement et de l'entretien pendant tout le séjour dans la ville d'émigration, et il payait à chacun une somme convenue d'avance, selon l'âge, l'aptitude et l'habileté de l'ouvrier. Le voyage durait quatre jours; la plus grande partie se faisait à pied; le premier jour, on couchait sur les confins de la Marche et du Berry, le deuxième jour à Issoudun, le troisième à Salbris; dans la matinée du quatrième, on atteignait Orléans afin de prendre le coucou. Tous ces gens restaient à Paris jusqu'au début de l'hiver, puis, vers le mois de novembre rapportaient dans leur pays quelques économies qui servaient à acheter de la terre[6].

Emigration qui porte pour Paris sur 40 000 personnes et sur un chiffre général équivalent pour les autres villes. Il faut y ajouter ces migrations rurales précédemment évoquées, ces déplacements de journaliers qui vont louer leurs bras pour les moissons ou les vendanges. Les riches plaines de l'Ile-de-France sont grandes consommatrices de main-d'œuvre saisonnière : 14 000 personnes environ rien que pour la partie orientale. Au total, le rythme des travaux agricoles déplace plus de cent mille personnes en France.

Emigration régulière, pourvue de passeports intérieurs et pour les ouvriers des villes de livrets, mais émigration qui n'en inquiète pas moins les préfets. Dans le cas des Limousins et des Auvergnats, elle traduit un esprit d'indépendance, un refus des contraintes, l'existence d'un monde de travailleurs intermédiaire entre celui des paysans et le milieu urbain, qui irrite l'administration napoléonienne. Le grand reproche est parfaitement formulé par le préfet du Puy-de-Dôme, Ramond :

L'émigration et la conscription se contrarient fortement et réagissent l'une sur l'autre d'une manière également préjudiciable à toutes les deux. La conscription suspend, gêne les départs, arrête une partie des jeunes gens destinés à l'émigration; et l'émigration à son tour s'oppose au succès des levées lorsqu'elles s'opèrent durant la saison des absences. D'un autre côté, le recrutement enlève successivement la plus saine partie de la jeunesse au moment où elle va devenir capable de supporter les fatigues d'une vie laborieuse et cette jeunesse est remplacée par des enfants qu'un travail précoce énerve et qui sont devenus incapables de servir au moment où la conscription les appelle à leur tour[7].

Pour dépister les réfractaires à la conscription, pour éviter un trop grand entassement d'ouvriers dans les villes, un sévère contrôle est effectué au moment de la délivrance des passeports.

Le roulage

On croise aussi sur la route toucheurs de bœufs, charretiers et rouliers conduisant ces convois d'animaux qui vont servir à l'alimentation des villes ou ces transports de marchandises vers les grandes foires et les principaux centres de consommation. L'enquête sur le roulage entreprise en 1811 traduit les préoccupations du gouvernement. Les questions posées portent sur le nombre des maisons de commission dans les départements, l'époque de leur établissement, les axes suivis, les objets transportés, le prix du transport et l'origine des voituriers. Les réponses varient selon les régions[8].

A Saint-Quentin, dans l'Aisne, on compte trois maisons de commission, l'une existant depuis 30 ans, la deuxième depuis 8 ans et la dernière créée en 1809. Les relations s'effectuent avec Paris, Amiens, Rouen, Reims, Anvers. Louvain et Bruxelles et portent sur les vins, sels et goudrons. Il faut six jours pour assurer la liaison avec Bruxelles, autant avec Paris. Il en coûte 4 francs les 50 kg. Les voituriers fréquentant Saint-Quentin sont originaires des Ardennes du Nord, de la Somme et de l'Aisne : les convoyeurs quittent peu leur région. On en compte 3 000 en 1812. C'est que Saint-Quentin est sur une voie de passage importante et double son activité terrestre d'une activité fluviale. En 1810, 466 bateaux venus de l'Escaut ou de l'Oise ont pris le canal; ils sont aussi nombreux en 1811 et l'on distingue entre bateaux picards qui peuvent recevoir de 150 000 à 200 000 kg et bateaux flamands dont la charge est moins élevée.

A l'autre bout de la France, Sisteron en revanche est dépourvu de maison de commission. « La population peu nombreuse de cette ville est essentiellement agricole; tout le commerce qui s'y fait est entre les mains de quelques petits négociants, boutiquiers et propriétaires. Leur principale relation est avec Marseille où ils exportent leurs fruits et d'où ils importent le sel, le savon, le blé dans les années de disette. » On ne compte que 18 à 20 routiers qui « lorsque leur commerce particulier ou la culture de leur propriété ne leur donne pas d'occupation, se disséminent sur les grandes routes et se livrent à l'état de routiers proprement dits ». Privas n'a pas davantage de maison de roulage. Un seul voiturier y habite et transporte à Lyon depuis six ans les soies de la région. Les voyages ont lieu tous les 15 ou 18 jours. Il faut compter 10 jours de route en été, 12 en hiver.

L'importance de l'activité économique conditionne le développement du roulage. On compte trois maisons à Carcassonne spécialisées dans le transport des draperies. Les nombreux voituriers qui exportent la production locale en 18 jours à Lyon, en 12 à Marseille et 5 à Montpellier sont tous originaires du pays. A Rouen on compte 14 maisons qui assurent la liaison avec Anvers (18 jours, mais plus de sûreté que par cabotage), Bordeaux (24 jours), Marseille (30 jours), Paris (4 jours), Toulouse (34 jours). Ici les voituriers ne sont pas exclusivement normands; c'est que nous avons affaire à l'activité d'un grand port qui conserve, grâce à la Seine, un rôle économique considérable. Les charges transportées par charrettes et chariots tirés par des chevaux peuvent dépasser 2 000 kg.

Colporteurs et voyageurs de commerce

Autre habitué des routes : le colporteur qui propose livres et objets de mercerie à une clientèle rurale trop éloignée des bourgs. Il existe toute une hiérarchie, du marchand d'images au fripier en passant par le vannier. Un personnage nouveau est en voie de se multiplier : le voyageur de commerce dont Balzac laissera un portrait inoubliable. Cette apparition est la preuve du développement des affaires commerciales. Ce développement profite des progrès de la poste aux lettres. Le transport s'effectue par la malle-poste, à quatre roues, bâchée de cuir et tirée par les chevaux. Elle prend aussi des voyageurs mais en petit nombre. Son administration est confiée à un directeur général, le fameux Lavalette, assisté d'un conseil. L'almanach impérial donne dans ses dernières pages la liste des villes ayant un bureau de poste ainsi que les départs des courriers. On déplore toutefois la lenteur de ces communications. Aussi le gouvernement dispose-t-il pour son usage d'estafettes dont Lavalette vante dans ses Mémoires la rapidité [9]. Le télégraphe optique est plus rapide encore, mais les particuliers n'en ont pas — en principe, car on note des exceptions dans la banque — l'utilisation : il relie Paris à Brest, Mayence et Lyon.

On le voit, la route est très fréquentée. Pas de statistiques officielles en ce temps où l'on comptabilise pourtant toutes les activités. Les registres de délivrance de passeports dans les mairies étaient fort mal tenus et semblent pour la plupart perdus. Quelques indications peuvent être tirées des rapports quotidiens du secrétaire général de la Préfecture de Police [10] signalant les entrées dans Paris (3 à 4 % de « touristes », 10 % de commerçants, à peu près autant de fonctionnaires, une écrasante majorité d'ouvriers), ainsi que du témoignage des contemporains. Jean-Baptiste Say, par exemple, déplorant qu'une « multitude de charrettes et de chevaux encombre et fatigue les approches de la capitale [11] ».

CHAPITRE IV

CEUX QUI VIVENT DE LA ROUTE

A COTE de ceux qui utilisent la route, comment ne pas faire place à ceux qui en vivent ? Ils sont nombreux et en vivent plutôt bien, guettant l'imprudent qui s'aventure sur les grandes routes impériales ou sur les voies plus modestes des départements.

Les aubergistes

Multiples sont les plaintes concernant la malhonnêteté des patrons et la saleté des auberges. Les critiques vont également à la façon dont ils racolent le client. Maurice Tascher raconte :

Chaque maître d'auberge veut accaparer les voyageurs, et, pour cela, tâche de fixer chez lui les plus jolies filles, comme autant de sirènes. Celles-ci rangées en haie, au débarquement du coche, se précipitent sur les voyageurs, s'en emparent, les entraînent, se les disputent, se les arrachent, permettent quelques larcins qu'on peut leur faire en courant et ramènent triomphantes dans l'auberge celui qu'elles ont enlevé à leurs rivales. Si leur modeste pudeur a eu un peu à souffrir dans cet enlèvement, elles reprennent leur réserve dès qu'elles ont passé le seuil de la porte[1].

Tascher a tort de se plaindre car, si les servantes sont le plus souvent accueillantes, elles laissent parfois de cuisants souvenirs à en croire Stendhal.

Les guides de voyageurs consacrent de longs développements aux auberges. Les conseils pratiques concernent en premier lieu la propreté :

Quiconque n'a point ses propres draps en voyage, ne saurait trop insister sur la nécessité de draps blancs de lessive; qu'il fasse faire son lit en sa présence et qu'il se garde surtout des draps moites et mal séchés. Si l'on a un lit à pavillon et rideaux, on ne fera point mal d'en éloigner son lit, parce qu'ordinairement le ciel et les rideaux servent de retraite à différentes sortes de vermine qu'il n'est pas nécessaire de nommer[2].

Un ennemi redoutable et très répandu : la punaise. « Il est mille moyens de s'en préserver, mais un des plus efficaces est le suivant : mettez quatre morceaux de camphre, chacun de la grosseur d'une noix, deux au pied de votre lit et deux à la tête, entre le drap de dessous et le matelas, et éloignez en même temps votre lit de la muraille. » Dernier péril, le plus terrible :

Si l'on vient à être obligé de s'arrêter dans des contrées isolées, et de descendre dans une auberge où l'on ait sujet d'appréhender pour sa personne, il est bon de se pourvoir de cadenas ou de verrous. Ayez aussi de la lumière dans un mortier de veille, et faites coucher votre domestique auprès de vous. Si vous ne pouvez pas cadenasser vos portes ni les verrouiller, vous pouvez du moins les barricader avec les tables et les chaises de votre chambre.

La nourriture doit appeler la méfiance.

Si vous êtes dans une mauvaise auberge, ne mangez pas de ragoûts, parce qu'ils pourraient être composés de mauvais restes malpropres et malsains. Demandez plutôt du rôti froid ou chaud, des œufs, du laitage, des légumes cuits à l'eau, des fruits crus, etc. Dans une mauvaise auberge, contentez-vous du vin ordinaire, au lieu d'en demander d'étrangers qui n'en sont pas moins tirés du même tonneau et qu'on aura de plus frelatés pour vous les faire payer bien cher.

Le bruit n'est pas moins redoutable. On peut en principe espérer quelque silence entre dix heures du soir et cinq heures du matin, mais Mme de Genlis recommande de mettre dans chaque oreille un peu de coton imbibé d'huile d'olive, et par-dessus, un peu de coton sec, pour avoir l'assurance d'une nuit tranquille.

L'indignation contre les auberges est telle qu'un voyageur lassé par tant de vicissitudes, adresse en 1810 une pétition au ministre de l'Intérieur : « Nul empire, le royaume d'Espagne excepté, n'est si mal pourvu d'auberges supportables : l'*Hôtel de Provence* à Lyon, celui de *L'Aigle d'or* au Havre et celui du *Pas-de-Calais*. Partout ailleurs, ce n'est que malpropreté, mauvais lits, mauvais vins, privation des meubles les plus simples et les plus nécessaires pour la grande majorité des voyageurs. » Il propose l'établissement d'auberges départementales sur les principales routes. Exclusion de « tous les charretiers, rouliers de Franche-Comté, toucheurs de bœufs de Lorraine et porteurs de balle », vins en bouteille seulement, serviette individuelle, une petite pharmacie (eau camphrée, vinaigre radical, alcali volatil et fleurs de tilleul) : telles seraient les principales améliorations apportées par ces hôtels d'Etat. L'auteur du projet ne fut malheureusement pas entendu[3].

Les maîtres de poste

Autre catégorie sociale qui profite de la route : les maîtres de poste. Assurant les relais, ils retiraient du transport des voyageurs deux sortes de profits : « le paiement des places par les personnes admises, à raison de trois ou quatre, à voyager avec la malle » d'une part, et de l'autre « la location également tarifée, des chevaux qu'ils attelaient aux chaises, berlines et autres véhicules des particuliers[4] ».

Des avantages sont consentis aux maîtres de poste : dès le début du Consulat, la loi du 1er décembre 1799 élève le tarif du transport des malles; un arrêté du 17 octobre 1803 leur attribue un uniforme composé d'un habit brodé d'or ou d'argent, veste et culotte chamois, chapeau français. Progressivement est étendu leur monopole aux dépens des relayeurs libres, des aubergistes en général, établis en dehors des routes de poste. Une loi du 6 mars 1805 déclare : « A compter du 1er messidor prochain tout entrepreneur de voitures publiques et de messageries qui ne se servira pas des chevaux de la poste, sera tenu de payer par poste et par cheval attelé à chacune de ses voitures, 0,25 franc au maître des relais dont il n'emploiera pas les chevaux. » Une nouvelle loi, le 21 mars 1805, « double le nombre des routes sur

lesquelles les maîtres de poste feront le service[5] ».
Les relais sont établis en moyenne tous les 10 ou
15 km. Certes, on n'y change pas nécessairement
de chevaux puisqu'une voiture peut faire jusqu'à
40 km sans relayer, mais on ne peut plus échapper à leur monopole.

Le maître de poste devient un notable. Il
connaît les nouvelles avant tout le monde dans le
village; il est en contact avec tous ceux qui circu-
lent, élargissant ainsi l'horizon restreint auquel
demeurent condamnés ses compatriotes. Il est
riche. Quelques inventaires après décès nous le
montrent achetant des biens nationaux, quelquefois même d'anciennes propriétés seigneuriales.
Bref, il devient un notable.

D'un statut social moins élevé est en revanche
le maréchal-ferrant. Cabaretier installé fréquemment au bord de la grand-route, il remet les fers
perdus ou usagés des chevaux tandis que la
patronne sert à boire aux voyageurs[6].

Les brigands

Et comment ne ferait-on pas une place parmi
ceux qui vivent de la route, aux brigands?

Le grand reproche adressé au Directoire portait
sur l'insécurité des routes. Qui n'a entendu parler
de l'affaire du courrier de Lyon? Fourcroy
raconte dans quelles conditions s'opérait la traversée du Ventoux : « Ceux qui voyageaient dans
ces contrées étaient obligés de prendre des passeports du chef des brigands et de payer le rachat
du pillage. Des placards avertissaient les voituriers que s'ils ne portaient pas avec eux au moins
quatre louis, ils seraient fusillés, et plusieurs l'ont

191

été. » Dans l'Ouest, « quelques chefs d'anciens révoltés de la Vendée se sont mis à la tête de mauvais sujets de ces départements, de déserteurs, d'ouvriers sans occupation, et pillent les voitures sur les routes et dans les bois[7] ».

La loi du 8 pluviôse an IX supprimant le jury et instituant des tribunaux spéciaux arrêta le développement du brigandage sans le faire disparaître entièrement. Des coups très durs lui furent portés entre 1803 et 1808. Dans le Morbihan une importante bande menée par Lotadé est anéantie en ventôse an XIII. Dans le même temps, une autre bande qui avait terrorisé la Meurthe est également arrêtée. Le 22 janvier 1806, la gendarmerie met fin aux exploits de plusieurs brigands dans le Lot. Nouveaux succès dans le Tarn ou le Haut-Rhin. Pourtant le brigandage retrouve une partie de son importance à partir de 1810. En septembre, on lit dans un rapport de police à propos de l'Ardèche : « Le brigandage se rétablit sur plusieurs points de ce département. Plusieurs voyageurs attaqués et dévalisés, des maisons isolées pillées par des brigands dont la détresse augmente le nombre. » Un ton tout aussi pessimiste se retrouve alors dans les rapports parvenus au ministère de la Police de la Sarthe, des Basses-Alpes, du Var, de l'Ardèche et de l'Aveyron. En 1814 enfin, « les bandes augmentent avec rapidité dans les départements de la Vendée, des Deux-Sèvres et de la Loire-Inférieure », écrit le préfet du Maine-et-Loire.

La géographie du brigandage n'évolue pas. Voyageurs, attention si vous traversez l'Ardèche, la Drôme, le Vaucluse, le Var, les Basses-Alpes, le Gard, les Bouches-du-Rhône, l'Hérault, l'Aveyron, la Lozère, le Haut-Rhin, l'Aude et le Tarn! En fait les exploits des brigands manquent d'ampleur : on attaque sur les routes des diligences, des courriers ou des voyageurs isolés; à l'occasion, on pille une perception, le plus souvent on s'en prend à des exploitations isolées. Le petit nombre des effectifs, toujours inférieur à 40, ne permet aucune action d'envergure. Une bande importante se fait remarquer plus facilement et risque l'anéantissement dans un combat en rase campagne.

A quelles causes attribuer la survivance du brigandage? Le recrutement des bandes s'opère principalement parmi les déserteurs et les réfractaires : l'un d'eux, Pichon conquiert une triste célébrité dans l'arrondissement de Chateaulin. La résistance à la conscription est un facteur déterminant de l'augmentation des bandes à partir de 1809. Tous les préfets le signalent dans leurs rapports : 1 400 réfractaires errent, en 1809, dans les environs de Mortagne. L'aspect religieux ne doit pas être négligé (le rôle de la Petite Eglise fut important), ni le problème politique, surtout dans l'Ouest. Mais c'est la crise économique qui a été décisive dans le réveil du brigandage en 1810. En septembre de cette année, un rapport s'inquiète « des brigands dont la *détresse* augmente le nombre[8] ».

Monde mouvant que celui du banditisme où se côtoient anciens chouans, déserteurs et réfractaires, vagabonds, paysans ruinés et malandrins de profession.

TROISIÈME PARTIE

LE MONDE DES VILLES

« C'était donc là ce Paris que j'avais tant désiré ! »

STENDHAL,
Vie de Henri Brulard, chap. XXXIX.

Mais crois-tu qu'à Lyon, Bordeaux, Marseille,
[Nantes,
Et dans maintes cités, quoique moins opulentes,
Des plaisirs délicats on ignore le prix,
Et qu'on ne les y goûte aussi bien qu'à Paris ?
Penses-tu qu'à Nevers, ce pays que j'habite,
On ne puisse trouver de l'esprit, du mérite,
Des grâces, des talents...

Ce poème de Vitallis, contrôleur des contributions à Nevers, célèbre par ailleurs pour ses fables, exalte la petite ville face aux railleries des parisiens. La petite ville a mauvaise réputation depuis la comédie de Picard, créée en 1801 et qu'a suivie *La Grande Ville* de Perin et Pillon. Stendhal ne cache pas le dégoût que lui inspire Grenoble. De Sisteron, il écrit : « L'odeur de province redouble. Air ennuyé des habitués, air bête de tout le monde ». « Je n'ai jamais vu d'endroit où la qualité d'homme soit plus avilie que dans les petites villes, déclarait déjà le père de Restif. Cinq à six gros habitants s'en regardent comme les propriétaires et il semble que c'est par grâce qu'ils veulent bien y souffrir l'utile populace qui cultive la terre, exerce les métiers et fait aller le commerce. »

Il y a les villes de province et il y a Paris. Vieux conflit qu'exacerbe le centralisme napoléonien, alors que viennent à peine de s'éteindre les derniers feux de la révolte fédéraliste. La province ? En 1806 Lyon compte 102 041 habitants ; Marseille 99 169, Bordeaux 92 986, Rouen 86 672, Lille 61 467, Strasbourg 51 465, Amiens 39 853, Caen 36 000, mais derrière on ne recense que 18 346 personnes à La Rochelle et 22 129 à Grenoble. La ville de 5 000 habitants est courante en France. C'est elle qui inspire les sarcasmes des beaux esprits. De quel poids pourrait-elle peser, cette modeste agglomération, en face d'une capitale de 500 000 âmes ? La gloire, les honneurs, la mode, tout vient de Paris, affaiblissant, « corrodant la faculté de vouloir... », soupire Stendhal.

A son humble échelle, la ville, petite ou moyenne, demeure avant tout un centre administratif, le siège d'une garnison et le moteur de l'activité économique de la région, Paris donnant l'impulsion générale. Des catégories sociales, inconnues de la campagne s'y rencontrent : l'employé, le soldat, le bourgeois et l'ouvrier. C'est leur vie quotidienne que l'on a souhaité évoquer dans ces pages.

CHAPITRE PREMIER

LA VIE BOURGEOISE

Quand Picard entend fustiger « la petite ville », ce sont les mœurs bourgeoises qu'il met en cause, de façon anodine au demeurant :

Il me semble voir d'ici la morgue des hommes, les prétentions des femmes, les haines des familles, le regret de ne pas être à Paris, les petites ambitions, les grandes querelles sur des riens, la coquetterie des petites filles, l'esprit sordide et mesquin dans l'intérieur des ménages, le faste ridicule et de mauvais goût dans les repas priés.

Le bourgeois, même s'il possède des terres, est originellement l'habitant d'une ville. Au Moyen Age, le terme désignait simplement celui qui habitait dans les murs de la cité, sans qu'une distinction fût établie entre le commerçant et le compagnon. Au cours des temps modernes, le mot prit un sens de plus en plus précis : « Le bourgeois est devenu un oisif vivant de ses rentes, d'un revenu extra-professionnel[1]. » La révolution provoqua la ruine de cette bourgeoisie. Payée en assignats dévalués par ses fermiers ou ses débiteurs, sans oublier l'Etat, elle laissa la place à de nouveaux venus enrichis par la spéculation sur les biens nationaux ou les fournitures aux armées, par la connaissance des modifications du droit ou l'occupation des grandes charges publiques. Si l'on parle de bourgeois sous l'Empire, on pense plutôt aux « propriétaires » et aux « rentiers », ce sont d'ailleurs les termes les plus employés. Le mot bourgeois deviendra surtout courant, après la chute de Napoléon et le triomphe de l'économie libérale, pour désigner les détenteurs du capital industriel et commercial.

Types de bourgeois

La diversité du monde bourgeois est grande. Type le plus commun : le rentier. « Il n'y a point d'être plus heureux qu'un bourgeois de Paris qui a dix mille livres de rente », écrit un contemporain. La stabilité du franc germinal lui assure une indépendance matérielle exemple de soucis. Les intérêts de ses prêts (15 % par mois dans certains cas) comme ses fermages (en hausse sous l'Empire), mais surtout la forte remontée de la rente 5 %, passée de moins de 20 francs en Brumaire à plus de 80 francs à l'apogée du régime, une rente désormais acquittée en numéraire, lui valent aisance et considération. Le gouvernement le ménage. Dans le bulletin de police mis sous les yeux de l'Empereur, le cours de la rente a une importance aussi grande que le prix du pain. C'est qu'il reflète l'évolution de l'esprit public, comme le montrera son net fléchissement au cours des dernières années de l'Empire. Mais les revenus, en dépit du succès des tontines, sortes de rentes viagères dont le produit augmente à mesure que l'on avance en âge[2], sont encore à dominante foncière plutôt que mobilière. On le découvre dans les déclarations successorales.

Le propriétaire est un type très répandu dans le roman et le vaudeville. Il est représenté sous les traits de Monsieur Vautour qui possède des maisons dans la capitale et se montre intraitable avec ses locataires. La hausse des loyers est encore lente sous le Consulat, et beaucoup de maisons demeurent inhabitées à Paris. Mais bientôt s'observe dans certains quartiers de Paris et de Lyon une forte demande. La construction reprend dans la capitale entre 1803 et 1807, puis entre 1809 et 1811, ainsi que le prouvent les permis de construire[3]. La vente des biens immobiliers que possédaient les hospices, obligés de placer leur fortune en rente, soit 744 maisons à Paris, déclencha de 1811 à 1813 un vaste mouvement de spéculation que suivit la hausse des loyers[4]. A Lyon, Fourvière retrouve son importance perdue sous la Révolution; Saint-Georges, Saint-Jean et Saint-Paul se modifient sous la pression du petit commerce, et le quartier des Terreaux, ancien enjeu des luttes politiques, devient « le centre même des affaires, le point de départ et d'arrivée des diligences ». Bellecour et Perrache, grâce à la nationalisation des biens d'Eglise, voient s'édifier percées et maisons nouvelles. Entreprises de roulage et firmes commerciales en liaison avec Chambéry et Turin déterminent également un nouvel essor des constructions à la Guillotière[5].

La situation est moins brillante à Bordeaux où Nemnich note en 1808 : « Des centaines de maisons cherchent des habitants et l'on rit des anciens projets d'extension[6]. » Le sort des propriétaires marseillais n'est guère plus enviable.

Mais à Strasbourg, les journaux de l'époque sont riches en annonces de location ou de vente de maisons, d'appartements ou de chambres garnies[7]. La ville qui compte plus de quatre mille demeures, se trouve au cœur des échanges franco-allemands. Les propriétaires de Lille et de la région du Nord n'ont pas lieu de se plaindre si l'on en croit les feuilles d'annonces et le prix des loyers.

La loi du 8 mars 1810 sur les expropriations pour cause d'intérêt public, après avoir suscité des inquiétudes, est finalement bien reçue : les indemnités accordées seront généralement importantes. Seul envers de la prospérité des propriétaires : la fréquence des déménagements à la cloche de bois.

Au genre de vie du propriétaire et du rentier se rattache celui du retraité. La rapidité avec laquelle se sont constituées certaines fortunes a conduit commerçants et hommes de loi, acheteurs de biens nationaux et fournisseurs de l'Etat, à prendre une retraite anticipée. Le retraité inspire à Pigault-Lebrun l'un de ses personnages les plus célèbres : M. Botte[8].

De toute manière, pour être un homme «estimable », il importe dans la société du Premier Empire « d'être propriétaire et avoir de l'argent comptant » : c'est ce que nous révèle le héros du *Dîner d'emprunt.* Dans un autre vaudeville, *Les Auvergnats,* le père de l'héroïne, marchand de vin, apprenant que le porteur d'eau qui courtise sa fille possède des maisons dans Paris, s'exclame : « Il est propriétaire! Cela change furieusement ma thèse! » L'idéal ? « Un propriétaire qui a pignon sur rue dans le quartier Saint-

Sulpice. Une maison de deux étages, rue du Canivet, rapporte fidèlement exempte d'impositions, 735 livres par an. » Y ajouter bien sûr 1 000 livres de tiers consolidé. Car la prudence commande de combiner maisons, terres et rente :

> *J'ai ma part dans quelques maisons,*
> *Et grâce aux bienfaits de ma tante,*
> *J'ai des billets qu'on dit fort bons;*
> *Vous voyez donc que j'ai du bien,*
> *Et que je suis même dans l'aisance*[9].

La bourgeoisie active est surtout formée de commerçants. On compte 30 000 patentes à Paris. Le négoce reçoit une organisation nouvelle : chambre de commerce dans les villes importantes, tribunaux de commerce pour régler les litiges. La liste des commerçants établis dans la capitale est publiée par La Tynna dont l'almanach, ancêtre du Bottin, connaît un grand succès. Sur 10 boutiques qui s'ouvrent à Paris, note un contemporain, il y en a trois pour la personne et quatre pour la gourmandise. Confiseurs et modistes tiennent le haut du pavé. La devanture se substitue à l'enseigne[10]. Certaines suscitent l'admiration au point que la gravure s'en empare et que l'on forme des recueils de ces gravures.

On observe dans toutes les villes une prolifération de petits détaillants, preuve d'un passage souvent tenté mais rarement réussi de l'artisanat à la boutique. Il faut en effet avoir les reins solides et un sens de la comptabilité qui fait défaut à l'artisan, car les clients ne paient jamais comptant et l'usage s'établit de ne payer qu'avec de gros retards. Le petit commerçant se rattrape en fraudant sur la quantité et la qualité. Les plaintes sont nombreuses et les chroniqueurs du temps s'en font l'écho[11].

Les manufacturiers n'ont pas toujours bonne presse et le vaudeville les prend parfois pour cibles. Il y a de grosses fortunes (Ternaux, Richard-Lenoir), mais beaucoup sont à la limite de la faillite. La vulnérabilité de ces industriels est révélée par les crises de 1805 et 1811. Ils méritent bien leur titre de capitaines d'industrie, livrant bataille eux aussi sur le continent contre l'Angleterre. Vie harassante qui oblige à d'incessants déplacements. Malgré Strasbourg, Mulhouse, Lyon, Lille, Sedan ou Orléans, c'est Paris qui demeure le principal centre d'attraction des capitaux. Les opérations sont complexes : Seillière cumule la fabrique des draps, le négoce et la banque. Duquesnoy coordonne l'exploitation des salines, de houillères et de forges, étendant son empire de la Lorraine du Nord à la Sarre.

Une catégorie en plein essor : celle des notaires, avoués et avocats, le monde du droit. Pour mettre fin aux abus, ces professions sont réorganisées. Le 27 ventôse an VIII sont rétablis les avoués dont les charges sont déclarées transmissibles par hérédité (première entorse aux principes révolutionnaires) ou vente. Leur nombre est limité : 150 à Paris. A son tour est ressuscitée la compagnie des notaires par la loi du 25 ventôse an XI, puis par l'arrêté du 2 nivôse an XII. Il faut un apprentissage de clerc avant de prétendre à une charge qui assurera à son titulaire une confortable aisance. Aisance que l'on mesure à l'importance de son étude :

Rarement propriétaire de la maison qu'il occupe, le notaire en est toutefois, à Paris comme en province, le seul et unique locataire. Cette maison est vaste; elle possède des communs qui abritent le cheval et la voiture du notaire, berline, coupé ou cabriolet à soufflé. Elle a plusieurs étages et elle compte dix à vingt pièces. Trois ou quatre de ces pièces, c'est-à-dire pratiquement un étage, sont réservées au « minutier » et à la bibliothèque du notaire, s'il en a une. Quant aux autres pièces de la maison, outre deux ou trois antichambres, l'office, la cuisine, la salle à manger et le salon, ce sont les chambres des maîtres, des amis, des domestiques (très souvent cuisinière et femme de chambre) et des clercs, car ceux-ci tout le temps de leur apprentissage seront en pension chez leur patron. Cette maison est meublée sans luxe ostentatoire, mais avec une certaine recherche et surtout un souci très prononcé du bien-être [12].

C'est que le notaire occupe dans la société provinciale une place de choix. Son influence est considérable en raison de sa connaissance du droit, des affaires de famille qu'il suit, des conseils qu'il donne.

Le 22 ventôse an XII est prescrite la formation d'un tableau des avocats près de chaque tribunal. Le 14 décembre 1810 ressuscite l'ordre des avocats. Les dispositions prises à l'égard d'une profession que Napoléon n'aime guère sont peu libérales. Cela n'empêche pas la formation de grandes fortunes. Si l'on en croit Stendhal, en 1804 de Sèze aurait reçu 216 000 francs d'honoraires, Chabroud et Bonnet 100 000, Dufriche 50 000 [13]. Les Mémoires de Berryer ne sont pourtant pas tendres pour les confrères de l'auteur.

Mettons à part les médecins. Les revenus de

Corvisart sont énormes. Dans son luxueux hôtel de la rue Saint-Dominique, il prend 20 francs pour une consultation particulière, mais il reçoit également 30 000 francs par an comme médecin de l'Empereur. Un médecin de quartier dans une grande ville gagne beaucoup moins, et que dire de celui qui travaille avec une clientèle mi-urbaine mi-rurale ? Etabli au chef-lieu de canton, le médecin, assujetti par la loi du 19 ventôse an XI à des règles strictes, profite des jours de marché qui lui évitent les inconvénients des consultations à domicile dans des villages éloignés. Au-dessous, l'officier de santé est un besogneux. La place du corps médical dans la bourgeoisie, sauf pour certains grands médecins parisiens n'est pas encore assurée[14]. Reste que l'internat des hôpitaux de Paris demeure très couru : « C'est le bâton de maréchal d'un étudiant en médecine », écrit Poumiès de la Siboutie qui recense 120 candidats pour 18 places en 1812[15].

Les grosses fortunes, encore que fragiles, sont en définitive celles des banquiers : Récamier, Hottinguer, Ouvrard que leur train de vie luxueux isole du monde des rentiers et des propriétaires.

Ce tableau des diversités esquissé, à quoi reconnaît-on le bourgeois ? A son habit, répondent les auteurs de vaudeville et les chroniqueurs. Il est le témoignage du bon goût, de la raison, de la réserve. Dans *Les Etrennes forcées* ou *Ah ! mon habit que je vous remercie !,* un valet dans la gêne obtient, grâce à un habit qui le transforme en personne respectable, un prêt qui lui permettra de convoler en justes noces :

Le luxe est partout accueilli.
On l'aime, on le renomme;
Et dans le monde comme ici,
C'est l'habit qui fait l'homme[16].

Les plaisirs de la bourgeoisie

Parmi les plaisirs de la bourgeoisie, la promenade occupe une place essentielle.

Après déjeuner,
A me promener
Je commence.
Je lis le journal,
Me règle au cadran décimal.
Chez moi de retour,
Je fais un dîner court
Et quand il n'est pas tard
Je vais au boulevard.
Je m'arrête en passant
Devant
L'âne savant.
Ici, quand il fait beau,
Je viens voir couler l'eau;
Puis je vais me mettre
En face du grand thermomètre;
Et bien satisfait
J'apprends alors le temps qu'il fait.
Je m'en vais ensuite
Rendre vite
Une visite
Au grand léopard,
Au tigre, à l'ours, au grand kangoar.
Je prends sur le tard

Au café Saint-Bernard
Ma demi-tasse à l'eau;
Je joue au domino.
Je me couche le soir
Enchanté de pouvoir
Recommencer mon train
Le lendemain
Matin [17].

« J'ai toujours été grand marcheur et ami de cet exercice, note dans son journal Curmer, un notable rouennais. En voiture, le recueillement est moins grand et à cheval, il est impossible. »

Autre distraction : les dominos, les dames ou les échecs qui donnent lieu à de longues parties livrées de préférence dans les cafés.

La lecture ne paraît pas occuper une grande place. La bibliothèque du pâtissier retraité ou du propriétaire parisien (Monsieur Vautour est représenté comme dépourvu de toute culture) est réduite à peu de choses : Ducray-Duminil, Pigault-Lebrun et Mme de Genlis. Il y a des exceptions toutefois comme le notaire Boulard, à Paris, qui possède plusieurs milliers d'ouvrages. On lit le journal, souvent au café (car les abonnés sont rares), en se plaignant de sa médiocrité. Le feuilleton de Geoffroy dans le *Journal des Débats* oriente les goûts.

On va au théâtre pour se montrer. Les scènes parisiennes sont réputées, encore que Lyon avec le Grand-Théâtre et le Théâtre des Célestins, Bordeaux ou Toulouse puissent soutenir la comparaison. Dans la capitale règne la Comédie-Française où l'on se précipite pour acclamer Talma. Le bourgeois se plaît au Vaudeville qui offre de courtes pièces mêlées de couplets sur des airs connus;

il savoure les allusions grivoises du répertoire des Variétés, mais il laisse au public populaire le mélodrame en plein essor grâce à Pixérécourt. Il est peu mélomane à considérer l'accueil qu'il réserve à Mozart dont *La Flûte enchantée* comme le *Don Juan* sont des échecs à l'Opéra. Reçu dans un milieu de bourgeoisie aisée, l'allemand Reichardt apprend avec surprise de la maîtresse de maison que celle-ci n'a jamais entendu un opéra et que sa fille ne s'y est rendue qu'une fois, avec son père, « en endossant les habits de son frère[18] ».

S'il se rend au Louvre, c'est dans un esprit chauvin pour contempler les œuvres d'art prises à l'ennemi. Sauf quelques mécènes éclairés, le bourgeois parisien ne connaît pas grand-chose à la peinture, du moins est-ce la réputation que lui prête Jouy dans ses chroniques. Dans la gravure ou l'estampe, les sujets libertins du siècle passé connaissent une complète défaveur, preuve de l'avènement d'une morale bourgeoise. Quant au mobilier, « le style Empire » ne pénètrera que tardivement ou pas du tout dans les intérieurs.

Les bals sont très recherchés, surtout celui de l'Hôtel de Ville à Paris et de la préfecture en province.

Le cercle reste réservé à une élite. Né de l'anglomanie et de la mysoginie de la société du Code civil (les femmes sont exclues des cercles), il tend à se substituer aux salons où règnent des maîtresses de maison, comme Constance de Salm qui fait ou croit faire les élections à l'Institut, Mme Récamier ou la non moins belle Mme de Regnault de Saint-Jean-d'Angély. Le cercle réunit une petite élite exclusivement masculine, dont les préoccupations sont essentiellement viriles et les propos plus libres. Le pouvoir s'en inquiète sur le plan politique et demande aux préfets, en 1811, d'entreprendre une enquête sur les cercles établis dans leur département[19].

Dans les soirées bourgeoises, les conversations ne sont pas littéraires ou séditieuses, il s'en faut. On fait une bouillotte ou un boston; on écoute les enfants jouer du piano (c'est le triomphe d'Ehrard), du violon ou de la harpe; on boit du sirop d'orgeat; on danse la gavotte et l'on s'adonne avec fureur aux charades.

> *Jamais personne ne devine*
> *Mais c'est pourtant*
> *Un jeu charmant.*

La gastronomie

Si l'art des jardins connaît, sous l'impulsion de Joséphine, un bel essor[20], c'est la table qui est le plaisir suprême.

Reichardt nous a laissé la description d'un dîner dans une famille bourgeoise :

Tous les convives étaient sans prétention, aimant à rire, au besoin à chanter une chansonnette. L'influence des temps nouveaux ne s'est révélée que dans l'ordonnance du repas : deux services, chacun de huit plats très soignés, un très beau dessert, des vins fins, sur la table, dans leurs bouteilles, au lieu d'être versés, comme autrefois, dans de petits verres cylindriques. Lorsqu'on fut au café, servi patriarcalement à table, la jeune fille se leva pour aller recevoir de la main de son père, le morceau de sucre trempé dans la tasse paternelle[21].

210

Mme Moitte, femme du sculpteur, nous décrit un dîner offert à des amis de son digne académicien d'époux : soupe grasse, radis, beurre et cornichons, bouilli, poulets, petits pâtés, côtelettes, poularde aux truffes, deux perdreaux, salade, choux-fleurs, charlotte aux pommes avec biscuit de Savoie, fromage, fruits, café et liqueurs[22]. C'est la quantité prévue pour une table de six à dix couverts. Pour une partie de piquet ou d'écarté, on n'offre que du vin ou de l'eau sucrée; pour une réunion dansante, des échaudés à la confiture, des tartines beurrées et une brioche, le tout arrosé de sirop et de punch.

L'apparition des restaurants donne à l'art de manger deux piments supplémentaires : ceux d'un décor raffiné et du choix des mets sur des listes qui peuvent comprendre jusqu'à cent plats. L'insipide table d'hôte des auberges s'efface devant ce luxe nouveau offert par les chefs des anciennes maisons aristocratiques réduits au chômage après l'émigration de leurs maîtres. Des noms apparaissent : Prunier, 311, rue de Richelieu, Very, Legacque, Méot, Robert, etc. On trouve des restaurants à tous les prix et pour tous les goûts, du cabinet particulier à la gargotte, de « l'entrée truffée » à six livres au modeste « bœuf naturel[23] ».

Comme on l'a maintes fois souligné, la mode des restaurants a modifié les heures des repas : on prend le matin, de 7 à 8, un petit déjeuner composé de café, thé ou chocolat, pain et beurre. Ce petit déjeuner sera la principale victime du Blocus continental : l'interdiction dès marchandises anglaises entraîne en effet une raréfaction du sucre, du thé et du cacao. Argument décisif pour détacher les maîtresses de maison du régime. On ne dîne plus à midi, sauf en province, mais entre deux et six heures, l'heure la plus tardive et la plus élégante. Un déjeuner s'impose donc vers 11 heures dont le menu ne diffère du dîner que par l'absence de potage; on prend le thé entre deux et trois; quant au souper, il suit le spectacle. Sauf le repas du soir, qui est ordinairement celui des invitations, on mange dans la cuisine, si l'on en croit de nombreux mémoires.

L'*Almanach des gourmands* fixe les règles de « l'art si difficile et si peu connu de tirer le meilleur parti possible d'un excellent repas ». Le premier volume, publié en 1803, s'ouvre sur un calendrier nutritif. Janvier est le mois de la bonne viande :

C'est dans ce mois que l'on voit arriver en foule, à Paris, ces énormes bœufs de l'Auvergne et du Cotentin, chargés d'une graisse succulente et dont les flancs recèlent ces aloyaux divins, le premier fondement d'un bon repas. Ces aloyaux bien mortifiés, cuits à l'anglaise, c'est-à-dire saignants, et accompagnés d'une sauce stimulante, dans laquelle les anchois de maille et les câpres fines tiennent le premier rang, sont en cette saison le rôti qui convient le mieux à une table nombreuse et affamée. Ces mêmes bœufs produisent d'admirables bouillis; surtout lorsqu'on préfère la culotte à la tranche, et la pointe de la culotte à son milieu. Si l'on entoure cette culotte de morceaux de choux carrément coupés, cuits dans un bouillon foncé, séparés par des cloisons épaisses d'un lard embonpoint et couronnés par des saucisses courtes, on pourra se flatter d'avoir un bouilli dans tout son luxe. Les consommateurs plus modestes se contentent de l'enclore d'une muraille de pommes de terre cuites dans un bon jus et arrosées d'une sauce au beurre. Le bœuf ne se borne point à nous offrir l'aloyau et le bouilli, il est d'une ressource inépuisable pour varier les entrées. Si vous coupez avec art, en tranches minces, le filet du dedans de la seconde pièce d'un aloyau, que vous les couchiez quelques instants sur le gril, et que vous les dressiez sur un plat chaud, sans autre assaisonnement que des morceaux d'un beurre extrêmement frais, et sans autre entourage que des vitelottes passées au beurre et entières, vous vous trouverez avoir ce que les Anglais appellent beef' steak, mets qui forme le principal plat de leur dîner. Chez nous ce n'est qu'un hors-d'œuvre; mais lorsqu'il est à son point il est peu de ragoûts qu'on puisse lui comparer.

La volaille prend place en février :

Le poulet est au carnaval dans toute sa force et dans toute sa splendeur. C'est alors qu'on mange les poulets gras qui forment à eux seuls un rôti très présentable, et dont l'embonpoint réjouit trois sens à la fois. Même à la broche, il y a plus de vingt façons de le servir. Mais si de la lèche-frite nous sautons dans la casserole, ce sera bien autre chose encore. Sans parler des fricassées de poulets, la manière la plus simple et peut-être l'une des meilleures est de les manger en ragoût.

En mars, « la marée est dans toute sa gloire et elle abonde à la halle. L'on y voit arriver en foule l'esturgeon, le saumon, le cabillaud, la barbue, le turbot, le turbotin, les soles, les carrelets grands et petits, les limandes, les truites de mer, les merlans, les harengs frais, les huîtres »... Quant à la préparation, elle donne lieu à une foule d'indications de la part de Grimod de la Reynière. « A Lyon par exemple, il est de principe que le poisson une fois hors de l'eau, n'y doit jamais rentrer. A Paris, comme le vin est plus cher, on y est plus relâché sur ce précepte. » En avril, « le temps pascal est tout à la fois la fête des agneaux et celle du jambon ». Mai est le mois des maquereaux. Avec juin, ce sont « les jouissances végétales », moins prisées des gourmets, qui s'annoncent. Il en va de même en juillet : « Plus nous avançons dans l'été et plus nous parcourons une saison ingrate pour la bonne chère, car l'homme véritablement digne du titre de gourmand ne regarde guère les légumes et les fruits que comme des moyens de se récurer les dents et de se rafraîchir la bouche... » Même pénurie en août. Septembre est le mois de la grive et des artichauts. « C'est dans ce mois que les œufs abondent à Paris, qu'ils sont les meilleurs et à plus bas prix. » A la rubrique d'octobre figurent d'utiles indications sur les crèmes et pâtisseries, encore qu'elles appellent des réserves : « Le véritable gourmand dédaigne ces bagatelles et les abandonne de bon cœur aux dames. » Dindes et dindons affluent en novembre ainsi que les harengs. Décembre est le mois du réveillon. Grimod recommande les poulardes au riz.

Quatre hors-d'œuvres, composés de saucisses brûlantes, d'andouilles grassouillettes, de boudins blancs à la crème et de boudins noirs bien dégraissés, lui servent d'acolytes. Le tout est relevé d'une langue à l'écarlate qu'accompagnent symétriquement une douzaine de pieds de cochon farcis aux truffes et aux pistaches et un plat de côtelettes de porc frais. Aux quatre coins de table sont deux pièces de petit four, comme tourte et tartelettes et deux entremets sucrés, tels que crème et charlotte.

La famille

Le Code civil a renforcé la cellule familiale et l'autorité paternelle. Certes le théâtre met volontiers en scène des célibataires et Stendhal nous fait découvrir dans son journal les avantages de cet état. Mais le nombre élevé des « hommes de quarante ans » sans épouse s'explique aussi par la tourmente révolutionnaire. Les écarts d'âge que l'on observe entre un mari et sa femme sont dus souvent aux troubles de l'époque antérieure. Le célibataire consent, l'ordre restauré, à nouer un tendre hymen, mais bien sûr, nullement avec une fille de son âge, considérée désormais comme un peu trop mûre; ses goûts le porteront sur le « tendron ».

La famille bourgeoise dépasse rarement les trois enfants. La comédie l'oppose aux nichées d'enfants des milieux ruraux : « Ah not bonheur à nous, c' n'est pas comme dans les grandes villes, plus j'avons d'enfants et plus j'sommes joyeux », déclare un habitant des Landes, dans une pièce à la mode. Fondement de la famille bourgeoise : le mariage. Lors de sa conclusion l'argent intervient plus que le sentiment. Du moins si l'on en croit le théâtre... et les contrats de mariage !

> *Toujours en fait de mariage,*
> *Il faut consulter son tuteur.*
> *On ne peut pas selon l'usage*
> *Se marier d'après son cœur.*
> *Ah ! par quelle bizarrerie*
> *Pour former un lien si doux,*

> *Quand c'est la nièce qu'on marie*
> *C'est l'oncle qui choisit l'époux!*

se lamente une héroïne.

Une autre se révolte contre une telle conception :

> *Un lien triste et bourgeois,*
> *Un hymen de convenance*
> *Que dicta l'obéissance,*
> *Que mon cœur maudit cent fois!*

Et cette constatation désabusée dans la bouche d'une troisième :

> *Tel qu'il est d'abord on l'épouse,*
> *Et s'il se peut, on l'aime après.*

Le mariage de convenance l'aurait donc le plus souvent emporté sur le mariage d'amour, et la cérémonie de la signature du contrat aurait compté davantage dans les préoccupations que les charmes de la nuit de noces.

Le jour du mariage, célébré à l'église (malgré les traces encore profondes de l'influence de Voltaire sur la bourgeoisie), est marqué par un repas. Après le mariage, ce sont les visites de présentation à la famille et aux relations. Alors commence la vie conjugale. Le mari est maître chez lui.

> *Un homme est estimable,*
> *Quand il sait commander.*
> *Il devient respectable*
> *Et tout doit lui céder*

chante-t-on sous l'Empire.

Mais l'on trouverait dans d'autres vaudevilles un écho des revendications féminines :

> *Mon cher mari, veux-tu connaître,*
> *Le vrai moyen de vivre heureux.*
> *Ne prends jamais le ton d'un maître,*
> *Les époux le sont tous les deux* [24].

L'épouse est pourtant cantonnée, en dehors des soins du ménage, dans des activités frivoles : danse, musique, dessin. « Il faut que les femmes tricotent », aurait déclaré l'Empereur. L'instruction des filles est donc négligée, le *bas-bleu* condamné. C'est l'éducation des garçons qui compte. Difficile de mesurer l'attrait des armes. L'École polytechnique jouit déjà d'un grand prestige, s'il faut en croire les Mémoires de Mme de Chastenay. L'entrée dans les rangs des auditeurs au Conseil d'État est réservée à une élite : il faut justifier d'un revenu annuel de 6 000 francs. En attendant c'est le lycée, remplaçant les écoles centrales, qui forme les garçons en leur apprenant le latin, l'histoire ancienne et la mythologie, un peu de mathématiques, des rudiments de physique et de chimie, mais pas de langues vivantes. Un lycée, où la vie quotidienne, réglée au son du tambour, et l'emprise du gouvernement sur les études (on y exalte dans les dissertations « la quatrième dynastie ») ne sont pas sans inquiéter les milieux aisés [25].

Par ailleurs la morale bourgeoise se substitue en ce début du XIXᵉ siècle à l'immoralisme relatif du XVIIIᵉ siècle. Un symbole : Sade interné à Charenton. La vertu des filles est étroitement surveillée, l'adultère des femmes (mais non des maris) sévèrement puni et l'enfant naturel exclu du cercle familial. Morale de façade au demeurant : on dénoncera bien vite l'hypocrisie bourgeoise.

Le luxe

Autorité et épargne ne vont pas sans un certain luxe. Il faut tenir son rang. La Révolution n'a pas détruit tous les tyrans. Le début du XIXᵉ siècle voit à nouveau régner en despote la mode exigeante et capricieuse. C'est Paris qui donne le ton, et la province suit avec le retard que mettent les voitures de poste à atteindre les petites villes. Le modiste Leroy décide de la toilette féminine et ses ordres sont sans appel. Napoléon encourage de son côté le luxe pour assurer du travail à ses manufactures : ce n'est pas une invention des mémorialistes, les textes sont là. Leroy imagine pour ses riches clientes, aussitôt copiées par la pratique moins fortunée des modistes,

ces peignoirs à la vierge chargés de valencienne, mousseux, aériens, qui font pâmer les femmes; ces percales à la reine Hortense, ces cachemires bleus de France à la Caroline qui les transportent. Pour l'hiver, il leur confectionne des déshabillés douillets entourés de cygne et de renard bleu dont elles disent merveille. Il a lancé la pelisse fourrée pour les sorties, et surtout le spencer, importé d'Angleterre, sorte de boléro à manches qui est un triomphe. Les robes de bal qu'il livre, sont uniques, sans plis, sans manches, décolletées si bas que certaines poitrines auront toutes les difficultés à s'encastrer dans l'étroit tissu rose, sa couleur préférée[26].

Bijoux et coiffures rehaussent ces toilettes : étalage naïf d'une richesse nouvelle; le luxe du Premier Empire évoque furieusement le parvenu.

Les domestiques

Autre signe de richesse : le nombre de domestiques. Ceux-ci avaient disparu sous la Terreur ou du moins s'étaient dissimulés sous le nom d'*officieux*, taxés au demeurant d'un lourd impôt somptuaire. A peine celui-ci supprimé, l'on vit reparaître les livrées.

Aux domestiques d'apparat, s'ajoutaient valets et servantes indispensables au train ordinaire de la vie. Leur nombre varie suivant les fortunes; du moins ne conçoit-on un ménage bourgeois sans au moins une servante. Et reprend ce mouvement de migration des campagnes vers les villes, conduisant de jeunes paysannes bien vite déracinées dans les cités. Les nouveaux riches apprécient particulièrement les anciens serviteurs :

Il faut dire, écrit dans son journal le rouennais Jean-Baptiste Curmer, que les gentilshommes émigrés nous avaient formé de très bons domestiques des deux sexes, parfaitement instruits du service, dont nous avons eu toutes sortes de satisfaction et que nous n'avons pas remplacés depuis. Mme Curmer a eu aussi chez son père une femme de chambre nommée Rose qui avait servi une dame de la cour; cette fille était d'une adresse, d'une habileté, d'une prévoyance dont il n'y a plus d'exemple dans ses pareilles[27].

Les gages de la domesticité féminine ne progressent guère, ni les conditions de vie. La journée commence à 6 heures pour s'achever le soir. Là encore, la diversité est grande, de la femme de chambre ou de la cuisinière à la simple *souillon*. Les gages masculins ont en revanche doublé depuis 1790 : l'homme est plus rare sur le marché du travail en cette époque de conscription exigeante. Avec le règne de la nouvelle bourgeoisie, les rapports entre maîtres et serviteurs se modifient. Ce ne sont plus ceux auxquels nous a habitué la comédie des siècles précédents, de Molière à Beaumarchais. Ils se *distancient*. Plus de confidente, sauf le cas extrême des « vieilles nourrices »; les affaires privées sont soigneusement dissimulées à la domesticité; l'écart social est plus marqué, par manque d'assurance de la part des parvenus peut-être. Le serviteur est d'ailleurs un étranger dont le temps de passage sera souvent court. C'est du moins ce que révèle un registre de domestiques conservé pour la période aux archives de la Préfecture de Police.

Car il vient à l'idée de Savary, successeur de Fouché quai Voltaire, d'imposer le port d'un livret à ce personnel. Le décret du 3 octobre 1810 oblige chaque serviteur à s'inscrire dans des bureaux ouverts à cet effet. « Tout domestique sans place pendant plus d'un mois, prévoit un article du décret, et qui ne justifierait pas de moyen d'existence, sera tenu de sortir de notre bonne ville de Paris à peine d'être arrêté et puni comme vagabond. » Mesure de sécurité prise dans l'intérêt de la propriété. Elle fut interprétée par les employeurs, comme un désir de la police d'épier leurs propos et leur conduite, comme une nouvelle forme d'espionnage, comme une atteinte aux libertés, bien qu'aucune sanction n'ait été prévue contre les patrons. Il semble que le décret n'ait connu qu'une application fort limitée[28].

Savary découvrait un trait de la bourgeoisie : la discrétion dont elle aime entourer sa vie privée et ses affaires d'argent.

CHAPITRE II

LA VIE DE BUREAU

L'HÉROÏSME ne se rencontrait pas seulement sur les champs de bataille, mais dans les bureaux, si l'on en croit du moins Ymbert évoquant sous la Restauration les heures glorieuses de l'Empire où « l'administration était la patrie d'un employé, les bureaux sa famille. Alors la mère, la femme, la sœur du commis, séparées de lui par une rue ou un carrefour, étaient huit jours sans nouvelles d'un fils, d'un frère ou d'un époux[1] ».

C'est à l'Empire que correspond l'âge d'or de la bureaucratie. La France « moderne » est née avec la mise en place d'institutions qui ont été conservées jusqu'à nous. Sous l'Ancien Régime la vénalité des charges limitait l'autorité de l'Etat; pendant la Terreur, la Révolution avait introduit l'épuration permanente. Après 1820, la caricature et la littérature s'emparent du monde des bureaux et ruinent en partie son prestige. Vers 1840, Vivien dénonce l'insuffisance des traitements et la crise de recrutement qui en résulte[2].

La nostalgie de l'Empire imprègne *Les Employés* que met en scène non sans férocité, Balzac. « Alors, écrit l'auteur de la *Physiologie de l'employé,* on pouvait avoir vingt-cinq ans et une place élevée, être auditeur au Conseil d'Etat ou maître des requêtes, et faire des rapports à l'Empereur. On s'amusait et l'on travaillait tout ensemble. Tout se faisait vite. Il y avait tant d'hommes aux armées que l'on en manquait pour l'administration. » Faisons la part de la légende. Reste que Napoléon introduisit l'ordre, la discipline et la hiérarchie dans ce « monde de papier » dont Saint-Just avait salué avec inquiétude la naissance et dont Mercier dénonçait dès le Directoire les abus[3].

L'ordre d'abord. L'anarchie disparaît de la vie des bureaux. La journée de travail commence à 9 heures en été, à 10 heures en hiver; elle s'achève dans l'après-midi vers 4 heures ou 5 heures, rythmée en quelque sorte par la lumière du jour. Une brève pause est opérée pour le déjeuner. Pas de bureaux individuels, sauf pour les ministres, les préfets, les secrétaires généraux et les chefs de division. Les employés travaillent dans de grandes pièces, entassés les uns sur les autres. Pour instruments de travail : un encrier, une plume, des crayons, des règles, des grattoirs, des gommes et du papier distribué avec parcimonie. Un décor identique pour tous les services, à Paris comme en province : un poêle, des tables, des chaises, quelques armoires ou des cartons rangés contre les murs. Une odeur de renfermé et beaucoup de poussière.

Enregistrées au secrétariat général, les affaires sont envoyées au chef de division concerné. Des commis d'ordre en font la distribution entre les bureaux. Le chef de bureau se réserve les cas les plus complexes et distribue les dossiers entre les rédacteurs. Le travail achevé, il reprend la même filière en sens inverse. La préférence va au registre qui permet d'éviter les pertes; les minutes sont soigneusement conservées; une importance particulière est attachée à l'écriture qui doit être lisible, et aux fautes d'orthographe, finalement rares si l'on en croit les documents officiels conservés. Notons toutefois quelque fantaisie dans la ponctuation.

L'émulation est grande et l'ardeur au travail alors proverbiale. Pierre Foucher, qui fut le beau-père de Victor Hugo et qui travaillait en 1808 au ministère de la Guerre, nous en donne la raison : « D'abord un bureau qui a beaucoup de travail reçoit des gratifications plus fortes, ensuite un bureau peut parvenir à se faire une part d'affaires tellement multipliées qu'il faille l'élever au rang de division. Alors le chef de ce bureau devient chef de division et ses sous-chefs se voient chefs titulaires[4]. »

La discipline est stricte. Une circulaire de Champagny du 12 germinal an XIII interdit toute publicité donnée aux affaires, toute divulgation de pièces. Déjà dans une circulaire du 23 nivôse an IX, Chaptal avait pris des sanctions contre les retardataires. Il y eut aussi des révocations pour impéritie ou pour corruption. Aucune garantie n'est offerte au fonctionnaire; le ministre ou le préfet sont seuls juges et les juridictions administratives n'ont encore qu'un rôle effacé. Néanmoins la stabilité de l'emploi a été à peu près assurée jusqu'à la grande épuration des Cent Jours.

Une hiérarchie s'établit. Le 21 avril 1809, Cretet, ministre de l'Intérieur, met au point le premier statut des fonctionnaires : « Considérant l'extrême disproportion qui existe entre les traitements des employés du ministère à grade égal, la grande variété des qualifications et désignations d'emploi, l'insuffisance dans le moment présent du traitement de quelques employés dont les services, quoique récents, sont d'une utilité réelle, la nécessité de tenir d'une manière exacte le contrôle du personnel des bureaux et de constater l'époque de l'entrée de chacun des employés au ministère, son avancement successif, ses services au dehors, Cretet arrête qu'il sera procédé à un recensement et à l'ouverture d'un registre du personnel. Désormais « les emplois seront à cet effet divisés en grades et en classes. L'ancienneté des services et leur utilité seront prises en considération pour la classification dans chaque grade, mais, à égalité de mérite, l'ancienneté prévaudra ». Et d'ajouter : « Le ministre pourra, lorsque l'utilité l'exigera, faire franchir à un employé plusieurs grades ou classes à la fois. Il pourra même faire des choix hors du ministère[5]. »

Document capital qui fixe la hiérarchie des traitements en fonction des grades et introduit la notion d'ancienneté. Les traitements sont importants au demeurant (12 000 francs pour un chef de division, 6 000 francs pour un chef de bureau de 1re classe, 4 500 francs pour un sous-chef, 3 000 francs pour un commis d'ordre) par rapport au salaire journalier d'un ouvrier (3 francs par jour au mieux) ou au revenu d'une petite exploitation rurale.

D'autres avantages apparaissent : la création de caisses de retraite par exemple. On en trouve à la Préfecture de Police depuis 1808, à la Préfecture de la Seine, par décret du 1er février 1813.

On connaît évidemment mieux Paris que la province. Dans les préfectures, le recrutement du personnel fait rarement l'objet d'arrêtés. Les mouvements des employés sont plus difficiles à saisir : il y aurait eu compression des effectifs en l'an VIII, puis gonflement vers 1807. Le nombre est proportionné au montant des « frais de bureau » alloués au préfet pour le paiement de son personnel[6]. A Paris, les employés représentent à peine 5 % de la population, encore moins dans les villes de province. Mais une grande considération s'attache à leur fonction. Du simple commis au chef de division, l'éclat de la gloire napoléonienne rejaillit sur le monde des bureaux.

Les anoblissements ont été réservés aux grands emplois (conseillers d'Etat, préfets, ambassadeurs). Napoléon fut plus généreux avec la Légion d'honneur. Sur 43 chefs de division, 21 ont la croix en 1812; toutefois, à l'échelon inférieur, rares sont les chefs de bureau qui l'obtiennent. Paris est mieux servi que la province : il y a de bons ministères (la Guerre), et des administrations moins considérées (la police[7]).

Néanmoins un certain style de vie est imposé à ce monde des bureaux. Les distractions se limitent au théâtre (on profite des billets gratuits de l'Opéra) et aux réunions des loges maçonniques. N'exagérons pas les liens tissés par la franc-maçonnerie, repaires de gastronomes et de mauvais poètes plutôt que de fonctionnaires pressés d'arriver[8]. L'activité principale consiste en effet en banquets et en concours poétiques dont le thème est en général l'éloge de l'Empereur ou de sa famille. Les affinités régionales jouent un rôle plus important à Paris que les sympathies maçonniques. Lorrains, Bourguignons et Provençaux tiennent « le haut du pavé » grâce à Regnier, Chaptal et Portalis.

CHAPITRE III

LES OUVRIERS

Dans le prolétariat urbain les ouvriers occupent, à côté des petits métiers (porteurs d'eau, tondeurs de chiens, décrotteurs, portefaix) et des domestiques, une place enviable par rapport à la masse des gagne-deniers. Ils sont particulièrement recherchés dans certaines professions en raison de la pénurie de main-d'œuvre due aux demandes de la conscription. La diversité des conditions n'en est pas moins considérable au sein du monde du travail, du petit atelier à la grande manufacture d'armes, du bâtiment, en plein essor, au textile plus dédaigné. La part des femmes reste très élevée, celle des enfants, malgré une législation protectrice, ne cesse d'augmenter. Vie rude de toute façon, dominée par deux hantises : la disette et le chômage.

Les conditions de travail

Peu de témoignages contemporains sur la vie des ouvriers dans les ateliers, les manufactures ou les mines.

Quelques traits généraux s'imposent toutefois.

La durée du travail quotidien dépasse les 10 heures; elle va de 5 heures du matin à 7 heures du soir en été et de 6 heures du matin à 6 heures du soir en hiver, avec deux heures de repas. Si les jours fériés ne sont plus aussi nombreux que sous l'Ancien Régime, au repos dominical s'ajoute souvent le lundi. Il s'agit fréquemment d'un travail saisonnier, mi-industriel, mi-agricole, sauf dans certains métiers et dans les grandes manufactures. Les mesures de sécurité sont inexistantes et les accidents du travail (chutes dans le bâtiment par exemple) nombreux. L'ouvrier enfin est désarmé devant le patron : interdiction des compagnonnages et des coalitions, obligation du livret, portant nom, prénom, lieu et date de naissance, signalement, livret que l'ouvrier doit remettre au moment de son engagement à son embaucheur et sur lequel sont inscrites les entreprises où il a servi. C'est à l'âge de douze ou quatorze ans que l'on entre à l'atelier, mais dès 7 ans, certains enfants sont employés dans les fabriques à dévider la laine et le coton. Autant dire que l'instruction est quasi inexistante, la fréquentation d'une école impossible. Très rares sont les ouvriers qui arrivent à s'établir à leur compte.

La combativité n'est pas très développée, la conscience de classe inexistante. Les grèves (on dit plutôt « les coalitions »), sont nombreuses mais restent limitées à un chantier, à un métier; elles ne sont pas propres à Paris; elles éclatent à Sedan en 1803, à Lille, dans le Midi. Elles ont pour objet une réduction de la journée de travail, le renvoi d'un ouvrier ou une hausse de salaire refusée. Salaire qui diffère selon les professions (il est plus élevé dans le bâtiment que dans le textile) et selon les lieux (Paris paie mieux ses ouvriers que Lille, Troyes, Rouen ou Lyon; de là, la fascination exercée par la capitale).

Catégories d'ouvriers

Au moment où se poursuit la révolution industrielle commencée au XVIIIe siècle, comment n'observerait-on pas une grande diversité dans la condition ouvrière?

La vie la plus rude est celle des mineurs. L'exploitation du charbon est surtout concentrée dans le centre de la France et, comme le remarque Guenyveau à propos des gisements de Saint-Étienne, « la plupart des couches se montrent à la surface et l'extraction étant facile, on ne cherche pas à établir une exploitation durable ». A la moindre difficulté, on abandonne les fosses déjà faites; il n'en reste pas moins que le travail, même proche de la surface, est loin d'être aisé.

L'extraction se fait à l'aide de machines et à dos d'homme. Les sorteurs marchent pieds nus. Ils portent la houille dans un sac de toile terminé par une espèce de capuchon qu'ils ajustent de manière à retenir leur charge. Ils tiennent un petit bâton à la main pour s'aider dans leur marche et soutenir leur fardeau dans leurs haltes[1].

Il existe une hiérarchie : d'abord les gouverneurs (dont le salaire est de 5 francs, puis les piqueurs (de 1,75 franc à 3,50 francs); ensuite les sorteurs et traîneurs (de 1,50 franc à 3 francs); au bas de l'échelle, les remplisseurs de benne, receveurs, garnisseurs, conducteurs de chevaux (moins de 2 francs).

Les risques du métier sont grands. Il faut créer en 1812 une caisse de secours, administrée par la compagnie de Grande-Croix et qu'alimente une retenue de 0,50 franc par quinzaine et par personne. Les blessés recevaient 1 franc par jour et les veuves, selon le nombre d'enfants de 6 à 9 francs par mois. Un code des mineurs est défini l'année suivante. Il interdit notamment l'emploi dans les mines des enfants dont l'âge est inférieur à 10 ans.

Les conditions de travail des ouvriers des manufactures d'armes de Liège, Charleville, Klingenthal, Tulle, Maubeuge ou Versailles sont meilleures. Raffineurs d'aciers, forgerons de lames ou de baïonnettes, fondeurs, etc. (on en compte 595 à Klingenthal en 1810) sont fréquemment des conscrits. Présentant un rapport sur la manufacture de Tulle en 1808, le général Seroux indique qu'on « ne peut se faire une idée de l'insouciance et de l'indolence des ouvriers ordinaires qui sont d'ailleurs toujours prêts à quitter l'établissement sur l'appât du faible gain du moment. On obviera à cet inconvénient grave en retenant les conscrits qui travaillent en ce moment à la manufacture, en choisissant dans la classe des conscriptions subséquentes ceux des conscrits qui seront jugés les plus propres à être employés utilement ». On en compte 528 sur 2007 ouvriers à Saint-Etienne. Leur activité antérieure touchait à la métallurgie; ils échappent ainsi à la guerre. La journée de travail est de 12 heures environ. A Saint-Etienne, elle commence à 5 heures 30 du matin et s'achève à 7 heures du soir avec des interruptions de 8 à 9 et de 4 à 5. Fréquemment les ouvriers sont logés par la manufacture. Le général Marion rappelle en 1810 : « L'on construisit des logements pour les ouvriers à qui l'on fit de grands avantages pour les conserver. Ainsi, indépendamment d'un salaire très fort, on leur donna des terres, on leur bâtit des maisons et on leur fournit jusqu'aux outils dont ils avaient besoin pour leurs travaux. » La discipline toutefois est militaire, les sanctions (amendes, salle de police, prison) demeurent rigoureuses[2].

C'est dans le textile que la situation est la plus précaire, qu'il s'agisse d'une main-d'œuvre rurale travaillant à domicile et à laquelle le fabricant distribue la matière première, ou d'un prolétariat urbain rattaché à une boutique ou à un atelier, celui-ci pouvant grouper de 3 à 60 personnes.

Dans le premier cas, le filage des laines, la fabrication des bonnets et des bas de laine offrent une ressource complémentaire, l'hiver, aux ouvriers agricoles sans ouvrage, comme aux femmes et aux enfants. Ainsi, dans l'Oise, chaque ouvrier possède un métier en fer. La statistique du canton de Marseille-en-Beauvaisis, au nord-ouest de Beauvais, signale « qu'il y a dans chaque maison un atelier étroit et bas, éclairé par une très petite fenêtre, dans lequel on met un, deux ou trois métiers et quatre au plus, selon le nombre des membres de la famille livrés à ce genre de travail[3] ». Ce sont les fabricants des bourgs voisins qui emploient cette main-d'œuvre, bien entendu sous-payée.

Comme exemple de prolétariat urbain dans le textile, on pourrait retenir le cas des canuts lyonnais. Voici, moins connu, celui du monde de la laine à Reims, tel qu'on l'entrevoit en consultant un tableau établi en 1812 des fileurs et cardeurs de la ville[4]. Il s'agit « d'ouvriers et d'ouvrières travaillant de leurs mains ou avec un matériel inchangé depuis des siècles, les cardes, où les dents de métal n'avaient pas encore tout à fait remplacé les chardons, les quenouilles et les rouets ». Quelle que soit l'habileté manuelle des ouvriers, leurs salaires demeurent très bas, vu l'abondance de la main-d'œuvre non qualifiée (femmes ou enfants) disponible dans la ville comme dans la campagne. La majorité d'entre eux est née à Reims (66 % pour les femmes, 50 % pour les hommes) mais il existe une forte immigration rurale venue de la Marne, des Ardennes ou de l'Aisne. Ces ouvriers logent dans les dépendances de la boutique ou à proximité. Ce sont les fameuses « courées », ensembles de logements d'une ou deux pièces s'ordonnant autour d'une cour fangeuse, manquant des commodités les plus élémentaires, où l'entassement se fait sans séparation d'âge et de sexe, sous le contrôle du chef de boutique. Les salaires ne dépassent pas 2 francs.

Les réalités quotidiennes

L'Empire est une époque de hauts salaires, par suite du manque de main-d'œuvre, mais il ne faut pas perdre de vue que les prix ont monté dans des proportions encore plus fortes. L'enquête des préfets sur les choses nécessaires à l'existence (pain, vin, bière, cidre, viande, bois, charbon, huile à brûler, chandelle) révèle une hausse importante à laquelle seul échappe, dans la capitale et les grandes villes, le pain de quatre livres. Certes les salaires ont doublé par rapport à 1790;

à Paris les plus défavorisés gagnent de 1,50 à 2 francs par jour; les ouvriers à l'aise de 3 à 4 francs (il faut compter moitié moins en province); mais le litre de vin ordinaire coûte de 0,50 à 1 franc et une livre de viande de 0,35 franc à 0,55 franc. Condamné à vivre au jour le jour, l'ouvrier ne peut épargner, même en période de prospérité; il est condamné, en dépit des sociétés de secours mutuel, peu nombreuses d'ailleurs, à connaître la misère lorsqu'éclate une crise.

Comment ne sacrifierait-il pas en priorité son logement ? Des caves de Lille aux taudis de la Cité, l'insalubrité de l'habitat ouvrier est générale. Le docteur Menuret le constate en 1804 :

L'entassement excessif des hommes dans certains quartiers, le grand nombre d'animaux vivants, leurs exhalaisons et leurs excréments, les vapeurs provenant de leurs cadavres abandonnés à la putréfaction, des végétaux qui se pourrissent aussi, concourent sans doute à rendre plus épais et plus malsain ce cloaque atmosphérique dans lequel on nage et on respire; il se forme un brouillard visible qui est habituellement sur Paris, et il y a des quartiers où il est plus épais [5].

La Chaise fera écho à Menuret sous la Restauration. Il décrit les rues qui débouchent sur la place de Grève, « obscures, humides et continuellement tapissées par une boue épaisse, noire et gluante », les logements du marché Saint-Jacques, « bas, mal éclairés et donnant la plupart sur des cours étroites, sales et infectées par l'odeur qu'exhalent les plombs destinés à recevoir d'étage en étage les eaux qui ont servi aux usages domestiques ». Vision effroyable que celle de la Cité :

Bizarre assemblage de maisons mal bâties, écrasées, humides et obscures, qui renferment chacune, l'une dans l'autre, de vingt-neuf à trente habitants, dont un très grand nombre sont des maçons, des ferrailleurs, des marchands à l'éventaire, des porteurs d'eau et où tous les inconvénients qui résultent de l'entassement sont excités et augmentés par la disposition et la petitesse des pièces, l'étroitesse des portes et des fenêtres, la multiplicité des ménages dont la quantité peut être portée à dix pour chaque maison, enfin par l'affluence du bas peuple qui s'y trouve attiré par la modicité du prix des logements[6].

A Lyon, Millin décrit « des maisons noires, mal vitrées, à l'aspect lugubre[7] ». Lorsque Nemnich parle de Lille comme d'une ville « agréable », sans doute n'a-t-il pas visité de « maisons » ouvrières. Barbault-Royer, qui l'a précédé, peut mettre sur le même plan les *caves* de Lille et les *greniers* de Lyon :

Toutes les maisons, écrit-il, sont des caves qui correspondent en dehors par des portes à forts battants et de larges degrés de pierres noires. Les caves où se trouvent des cheminées ont été couvertes et c'est là que se retire la classe pauvre qui ne tire sa subsistance en général que du travail des dentelles. L'on peut soupçonner sans audace que ces catacombes sont aussi peuplées que la partie supérieure. Il faut que le climat de Lille soit d'une extrême pauvreté, pour que tant de malheureux enfoncés dans ces caveaux, ne souffrent pas des vapeurs déréglées d'une telle demeure; il est vrai que les portes de ces caves sont constamment ouvertes, et que l'on voit tout ce qui s'y passe mais c'est une grande incommodité pour ceux qui les habitent dans les temps froids parce qu'ils sont exposés sans réserve à l'air glacé qui les frappe; c'en est une plus grande dans les temps pluvieux parce que l'eau qui déborde en torrent, le long des escaliers, les menace d'une submersion prochaine : dans l'un ou l'autre cas si les prolétaires barricadent le caveau alors ils s'imprègnent de tous les miasmes qui s'élèvent de ces femmes mal tenues, de cette foule d'enfants qui les obsèdent et de l'apprêt même de leur sale nourriture.

De là l'importance du cabaret pour beaucoup de déracinés et de mal logés. Il tient lieu de foyer et de famille; il est l'élément essentiel de la sociabilité ouvrière. L'ivrognerie est de ce fait très répandue. La police s'en inquiète comme ferment de dissolution de la famille et comme facteur puissant de rixe et de sédition. Si Reichardt note quelque amélioration dans la toilette, c'est sur la nourriture que les progrès paraissent sensibles : la base en est toujours constituée de « légumes compacts et farineux » arrosés d'eau, mais la viande apparaît fréquemment sur la table du modeste artisan et de ses ouvriers, ainsi que le cidre, la bière ou un vin que l'on juge souvent trop « altéré »[8]. Le dimanche on va faire ripaille, selon Jouy, en dehors des barrières :

Le père, la mère et les enfants se rassemblent pour manger une matelote ou un civet de lapin (dont on se garde bien de montrer la peau) au milieu de vingt autres familles que les mêmes plaisirs attirent dans les mêmes lieux. Le vin de Brie et de Suresnes coule à grands flots; on boit; on rit; on chante; on s'enivre; et la femme qui s'arrête ordinairement tout juste au degré de raison dont elle a besoin pour ramener son mari, ne le force pourtant à quitter la table que lorsque la bourse est tout à fait épuisée. Tous les comptes soldés, la famille se remet en marche et, bras dessus, bras dessous, redescend vers minuit le faubourg du Temple et rentre au logis où elle ne trouvera le lendemain que le pain qu'elle aura gagné pendant la journée sans regretter l'argent si follement employé la veille[9].

Morbidité ouvrière

La vulnérabilité de l'ouvrier à la maladie est mise en lumière dans toutes les enquêtes et l'on reste confondu qu'aucune épidémie n'ait éclaté sous l'Empire, à l'exception du typhus diffusé par l'armée en 1813.

Les nosographies sont particulièrement éloquentes. Elles classent ainsi les causes de décès : en tête les inflammations des organes et viscères (petite vérole, rougeole, scarlatine, croup, dysenterie, pleurésie, péritonite et surtout phtisie), puis les lésions organiques (syphilis, cancer, gangrène, hydropisie); viennent ensuite les *névroses* (apoplexie, épilepsie, asphyxie, tétanos, hystérie) et les *fièvres primitives*, inflammatoires, bilieuses, ataxiques... Terminent le tableau : les commotions et contusions, les accouchements difficiles et les avortements, le scorbut et les hémorragies[10].

Dans ces nosographies, il faut réserver une place aux maladies spécifiques aux ouvriers. Une statistique plusieurs fois reproduite énumère en 1807 certaines de ces maladies[11]. Ainsi « les garçons boulangers sont-ils sujets aux anomalies; elles se guérissent assez ordinairement par le repos quand ils sont jeunes; mais à cinquante ans, ils sont presque décrépits; peu vivent au-delà de cet âge. Les catarrhes, l'asthme convulsif, le scorbut en tuent le plus grand nombre entre quarante et cinquante ans. La cause de cette décadence physique est dans le défaut de sommeil, l'exposition presque continuelle à une chaleur artificielle, excessive, l'inspiration constante, et dans le travail du pétrissage et dans les manipulations préparatoires, d'une quantité de farine volatilisée; une insigne malpropreté; enfin dans les suites affreuses de la maladie vénérienne à laquelle ces malheureux s'exposent avec fureur ».

Les métiers du bâtiment sont sujets à d'autres maux : les terrassiers et paveurs connaissent des déformations vertébrales, les peintres des coliques et des entérites, les maçons et plâtriers des affections pulmonaires causées par l'inspiration du plâtre volatilisé et la manipulation des diverses espèces de chaux.

Et le rapport de poursuivre :

La vie sédentaire des cordonniers, leur attitude dans leur travail, la vapeur infecte des grosses chandelles avec lesquelles ils s'éclairent, la chaleur de leurs poêles, l'exiguïté des lieux où ils travaillent les rendent sujets à une foule de maladies des organes internes et externes. La phtisie pulmonaire, les obstructions, l'hydropisie de poitrine en moissonnent le plus grand nombre avant quarante-cinq ans. Un vieux cordonnier est une rareté.

Amélioration en revanche pour certains travailleurs des cuirs et peaux :

Tant que le passé-au-suif des cuirs de façon de Hongrie s'est fait au feu nu de charbon, les hongroyeurs, indépendamment des maladies que peut leur causer l'exposition à une chaleur de 66 à 70 degrés pendant quelques heures par jour et plusieurs jours par mois, étaient aussi quelquefois frappés d'asphyxie plus ou moins complète. Partout où le poêle de M. Curaudau a été substitué à la grille à charbon, ce dernier accident n'arrive plus, et bientôt cette substitution sera généralement effectuée.

Dans la chimie, les ouvriers sont plus exposés :

Les amidonniers aspirent sans cesse dans leur travail des gaz acéto-putrides, qui nuisent à la santé. Ils sont pâles, faibles et sujets aux fièvres adynamiques et atomiques. Les matières qui entrent dans les teintures, celles qu'on emploie pour les fixer, influent aussi sur la santé des teinturiers, mais sans les affecter avec une grande violence. Les fabricants de couleurs emploient souvent des matières très nuisibles, surtout les sulfures qui leur attaquent fortement la poitrine. »

Et cette constatation finale : « Les cordiers n'ont d'ennemi que la misère. »

La disette et le chômage

Deux peurs tenaillent le monde du travail et peuvent le faire descendre dans la rue pour manifester contre le gouvernement : la disette et le chômage. C'est dans les grandes agglomérations, Marseille, Lyon et surtout Paris qu'existe le danger d'émeutes populaires aux conséquences imprévisibles. L'Empire a connu deux alertes de ce genre : en 1805-1806 et 1811-1812.

La menace de crise en 1802 (mauvaise récolte l'année précédente, accroissement du nombre des faillites) avait été facilement conjurée. A l'automne de 1805, c'est la disette de numéraire qui déclencha une panique, provoquant de vastes queues devant la Banque de France. Touchant essentiellement les grosses coupures, cette « émotion » n'aurait pas eu de suites populaires, si elle n'avait été liée à un resserrement du crédit et à une cascade de faillites. Le chômage apparut à Lyon en novembre 1806, lié à la reprise de la guerre qui fermait les débouchés russes et allemands.

Cet état de dépression se prolongea durant tout l'hiver qui fut très dur pour les ouvriers. En janvier 1807, on en vit qui mendiaient de porte en porte, avec leurs femmes et leurs enfants. La situation ne s'améliora sensiblement à Lyon qu'après la conclusion de la paix de Tilsit. Celle-ci ouvrit de nouveau le continent aux produits lyonnais et y ramena la prospérité[12].

Le tableau tracé dans les rapports du ministère de l'Intérieur montre que la crise frappa aussi bien la Seine-Inférieure que la Haute-Garonne, la Somme que le Haut-Rhin. La misère née de l'absence de travail fut effroyable, mais en partie adoucie par le bon marché des subsistances, la récolte ayant été très satisfaisante. Pour en atténuer les effets, des prêts importants furent consentis aux manufacturiers, principalement à Paris. « La conséquence nécessaire de ce prêt, spécifie Napoléon, doit être que la manufacture continuera à marcher. Je ne fais sortir l'argent du Trésor pour cette destination qu'afin d'empêcher les ouvriers d'être sans travail. »

La nouvelle crise dont les effets culminèrent en 1811, fut précédée d'émeutes dues à la réforme des monnaies. On oublie l'importance dans la vie quotidienne de la monnaie pour les tractations les plus courantes, achat d'un pain de quatre livres par exemple. Parallèlement au maintien du système décimal et à l'établissement du franc germinal, avait été réorganisée la frappe des monnaies. On vit apparaître des pièces d'un quart de franc, d'un demi-franc, de deux, cinq, vingt et quarante francs avec la légende : *Bonaparte, premier consul,* modifiée par le décret du 26 juin 1804 en *Napoléon empereur.* La tête resta nue jusqu'en 1808, elle fut ensuite laurée. A partir de 1809 la légende du revers *République française* fit place à *Empire français.* On note également, à partir de l'an XIII, sur la tranche de plusieurs pièces : *Dieu protège la France*[13].

Le désordre monétaire était considérable faute d'une refonte générale des monnaies. On trouvait en circulation des pièces de vingt-quatre et de quarante-huit francs fausses à différents titres, des écus de six livres plaqués d'argent sur cuivre, d'autres alliées avec du cuivre, des faux écus de trois livres, en principe en argent mais sur lesquels une goutte d'acide nitrique fait apparaître le cuivre en moins d'une seconde, sans oublier la circulation du numéraire aux types royaux que la crainte avait fait dissimuler sous la Terreur. « Les basses classes du peuple », comme l'écrivait le ministre Mollien, utilisaient ces monnaies fortement altérées. L'annonce des mesures contre les pièces de cuivre et de billon déclencha des émeutes ou des désordres sur les marchés de plusieurs villes[14].

Mais toute cette agitation a été balayée par la grande crise qui s'abattit sur la France. Crise industrielle née en 1810 de spéculations sur les denrées coloniales, qui suscite un peu partout le chômage et que vient relayer une mauvaise récolte provoquant de vives inquiétudes pour l'approvisionnement des villes. On en a vu les conséquences pour le monde des campagnes. La situation est inquiétante dans les agglomérations.

Rouen fait appel à la Belgique pour ses approvisionnements; Bordeaux dont les achats en Bretagne sont gênés par le blocus, comme Nantes ou Lyon, se tourne vers les plaines à blé de l'Ile-de-France. C'est vers la région parisienne que s'oriente également Marseille dont les achats en Romagne, en Sicile et en Orient sont contrariés par la prépondérance anglaise en Méditerranée. « Marseille, écrit son préfet Thibaudeau dans ses Mémoires, tira même des farines de Paris par terre, ce qui passa pour un phénomène. »

Les conséquences furent catastrophiques pour la capitale. En octobre 1811, les boutiques des boulangers étaient dévalisées dès le petit matin. Il fallait tout à la fois assurer du travail aux ouvriers par l'ouverture de chantiers de travaux publics, maintenir le prix du pain de quatre livres au-dessous du seuil fatidique des 20 sous, assurer la subsistance d'une foule de miséreux par la distribution de soupes philanthropiques. Si à Paris les désordres purent être évités, il n'en fut pas de même dans d'autres villes. A Caen, où des scènes de pillage et de désordre se déroulèrent en mars 1812, Napoléon dut envoyer la Garde impériale. Plusieurs ouvriers et deux femmes furent fusillés. Situation dramatique à Marseille :

On n'avait pas manqué de pain, mais il était à un prix si exorbitant que dans l'état de misère où était le pays, il y avait beaucoup de familles qui ne pouvaient en acheter la quantité nécessaire à leur consommation. En mars, le prix du kilogramme de pain était : première qualité, de 80 centimes; de deuxième, 70; de troisième, 60. Dans les temps les plus prospères, le prix ordinaire du pain était de 15 à 20 centimes la livre. Pendant la cherté, il y avait seulement à Marseille, réduite à une population de 90 000 individus, 10 000 familles qui s'étaient fait inscrire à l'administration des secours. On eut, ajoute le préfet, à combattre le goût, les habitudes et la susceptibilité des consommateurs. Le préjugé contre les soupes (populaires) était encore tellement enraciné que des misérables vendaient à vil prix leurs bons pour acheter quelques onces de pain blanc. Il en était ainsi des pommes de terre; le peuple les regardait comme une nourriture de cochons.

Et Thibaudeau de souligner, en conclusion : « J'autorisai le maire à permettre aux boulangers de mêler une quantité déterminée de farine de maïs dans le pain; ce fut une ressource précieuse, les consommateurs ne s'en aperçurent pas[15]. »

Le spectre de la disette disparut en 1813; mais le chômage subsista en province. L'âge d'or était révolu pour les ouvriers. Ils gardèrent néanmoins un souvenir vibrant des années qui avaient précédé la crise et restèrent en 1815 favorables à l'Empereur.

CHAPITRE IV

LA CLASSE DANGEREUSE

Chaque période de crise voit grossir le nombre des pauvres, de ceux qui constituent « la classe dangereuse », selon l'expression de Frégier en 1840[1].

Ne parlons pas encore de « peurs sociales », mais notons que ces marginaux font l'objet d'une étroite surveillance de la police, surtout à Paris où la crainte de l'émeute est plus forte qu'en province en raison de la présence du gouvernement.

Exclus de la société bourgeoise édifiée par le Code civil, ces déclassés mènent une vie à part qui fascine et révulse tout à la fois le lecteur de romans *gothiques* et l'amateur de mélodrames; on le verra au retentissement donné à une affaire criminelle comme celle de l'Aveugle du bonheur... Existence en marge de « la classe laborieuse », mais dont l'horizon est identique du garni au taudis, de la soupe philanthropique au morceau de pain acquis par la mendicité.

Les indigents

La misère est plus facile à comptabiliser en milieu urbain qu'à la campagne. On ne s'étonnera pas de la précision des statistiques du temps, on sera davantage surpris par l'importance des chiffres indiqués dans les rapports, envers de l'épopée impériale. Dans ses recherches sur les moyens d'améliorer le sort des indigents[2], Neirey distingue trois catégories de pauvres :

La première se compose de ceux qui, victimes de quelques circonstances fortuites ou désastreuses, ont perdu les ressources qu'ils possédaient. Ces malheureux, pour l'ordinaire, se tiennent renfermés dans une misérable demeure; humiliés de leur situation, ils n'osent se montrer ni implorer l'assistance même du bureau de charité. Il faut en quelque sorte les chercher. La deuxième comprend ceux qu'une dure nécessité a forcés, après bien des combats, à recourir à la bienfaisance publique. Ils sont humbles, suivent à pas lents ceux de qui ils espèrent recevoir quelque soulagement; ils sollicitent à voix basse et l'on voit facilement la douleur de leur âme peinte sur leur front. La troisième, bien différente, est composée d'individus qui, par une longue habitude de mendier, se sont pour ainsi dire fait un état d'implorer la charité; ils ne songent nullement aux moyens de sortir de leur misère par un travail quelconque. Malheureusement ces indigents sont souvent importuns, audacieux même, mécontents quelquefois de la générosité qu'ils reçoivent. »

On compte à Paris : 86 956 indigents en 1804, 97 914 en 1807, 121 801 en 1810, 102 806 dont 19 968 veuves et 36 190 enfants en 1813.

Parmi les formes de secours, notons la réorganisation du mont-de-piété, créé en 1778, supprimé

244

par la Révolution et rétabli sous le Directoire en l'an V. Le 8 thermidor an XII, il était rattaché à l'administration des hôpitaux, tout en conservant son autonomie financière.

La distribution de soupes économiques fut un moyen plus répandu, surtout lors de la crise de 1811-1812. Le but était d'économiser la consommation de farine. Les soupes à la Rumfort « étaient composées d'une telle quantité de légumes que deux fussent l'équivalent au moins d'une livre de pain[3] ». A Paris, des bureaux de bienfaisance se chargeaient de la répartition : 41 fourneaux préparaient, en 1812, 24 000 soupes par jour; 59 000 soupes furent distribuées dans les villes du Nord, 36 000 à Bordeaux, 28 000 à Nantes.

Restaient les mendiants professionnels dont le nombre demeurait indépendant de la conjoncture économique. Leur armée était évaluée, selon Duquesnoy, à 20 000 si ce n'est 30 000 à Paris[4]. On en comptait 5 000 à Lyon et un nombre indéterminé à Marseille. Le phénomène n'était pas nouveau mais avait pris depuis la Révolution une extension inquiétante, surtout dans la capitale. Cette extension s'expliquait par l'attraction que Paris exerçait sur les chômeurs et tous les marginaux. On se cache plus facilement dans une grande ville que dans une forêt. De nombreux déserteurs et réfractaires trouvaient dans la grande cité un refuge commode.

Le 1er septembre 1807, Napoléon, pour mettre fin aux excès de la mendicité, écrivait au ministre de l'Intérieur, Cretet : « La mendicité est un objet de première importance. Les choses devraient être établies de manière qu'on pût dire : tout mendiant sera arrêté. Mais l'arrêter pour le mettre en prison serait barbare ou absurde. Il ne faut l'arrêter que pour lui apprendre à gagner sa vie par son travail. Il faut donc une ou plusieurs maisons ou ateliers de charité[5]. » Et le 14 novembre : « J'attache une grande importance et une grande idée de gloire à détruire la mendicité. Faites en sorte qu'au 15 décembre vous soyez prêt sur toutes les questions afin que je puisse par un décret général porter le dernier coup à la mendicité[6]. »

A Paris, le décret du 22 décembre 1808 décidait que le château de Villers-Cotterêts serait remis en état pour recevoir mille mendiants des deux sexes. Les indigents devaient y apprendre un métier au cours d'un séjour d'un an au moins. En réalité, faute d'aménagements suffisants, le château fut bientôt encombré au point qu'il fallut expédier une partie des détenus à Bicêtre ou à la Salpêtrière[7].

Des dépôts avaient été établis dans les départements par décret du 5 juillet 1808. « Institutions totales », ils devaient « modeler la médiocre moralité de leurs pensionnaires ». C'est ainsi qu'à Bordeaux fut créé un dépôt séparé des hôpitaux qui continuaient leur œuvre d'assistance. À Toulouse (où l'on descendait des montagnes vers les portes de la cathédrale Saint-Etienne dont les fidèles étaient réputés pour leur — relative — générosité), des résistances se développèrent lorsqu'on voulut transférer les indigents de Saint-Joseph-de-la-Grave dans le nouveau dépôt prévu par un décret du 8 février 1811. Il y eut finalement des mendiants dans les deux établissements[8].

Punition ou réhabilitation ? Pour beaucoup, il s'agissait de retirer de la circulation un certain nombre d'individus dangereux ou supposés tels; pour d'autres, il importait de leur redonner conscience de leur dignité. Certains accusaient même les âmes charitables de porter la principale responsabilité dans l'extension de la mendicité. Ainsi le futur chef des ultras, Villèle, écrivait-il : « Lorsque le mendiant sera bien convaincu de l'inutilité de ses demandes, vous n'aurez plus à craindre de ses importunités. Les aumônes seules produisent et multiplient les mendiants. »

La criminalité

De la misère on glisse au crime. A l'image de la ville corruptrice chère à Restif de la Bretonne, vient s'ajouter celle de la cité dangereuse où la nuit tombée rôde le criminel.

C'est Paris qui est à l'origine de cette réputation détestable. Réputation injustifiée si l'on en croit les *Lettres sur Paris :*

D'après l'opinion de toutes les personnes qui ont connu Paris, longtemps même avant la Révolution, cette ville n'a jamais été aussi tranquille qu'en ce moment. On peut passer en toute sécurité et à toute heure de nuit dans les rues de Paris sans courir le moindre risque[9].

Témoignage confirmé par le petit nombre d'attaques nocturnes et de vols à main armée, relevés soit dans les journaux soit dans les rapports de police. Préfet efficace, Dubois dressait un tableau comparatif des vols commis à Paris : du 24 décembre 1805 au 13 mai 1806 : 1167; du 24 décembre 1806 au 13 mai 1807 : 859[10]. De ce caractère exceptionnel du crime après le retour à l'ordre, on trouverait une preuve dans le retentissement que rencontrent certaines affaires. C'est l'épicier Trumeau accusé d'avoir assassiné sa fille en 1803; c'est Bellanger, connu des Parisiens amateurs de la loterie impériale sous le nom de « l'Aveugle du bonheur », qui mari jaloux, essaie de se débarrasser de son rival en faisant déposer une bûche pleine de poudre dans sa cheminée. Au caractère dramatique que donnait la cécité à son exécution, s'ajouta un ajournement, alors que le condamné était conduit à l'échafaud, laissant à l'infortuné l'espoir d'une grâce qui ne vint pas[11].

On ne saurait toutefois oublier les exploits des fraudeurs de l'octroi sous le Consulat — 10 000 environ, disait-on — qui, profitant de l'insuffisance du mur d'enceinte, faisaient entrer dans Paris de l'alcool sans payer de taxes. Déguisés en soldats d'infanterie pour accompagner les convois, ils tiraient sans hésitation à la moindre résistance[12].

A Strasbourg, ce sont les contrebandiers qui défrayaient la chronique. La contrebande, née du Blocus continental, prit en effet dans l'Est des proportions considérables. On faisait entrer les cachemires, le sucre, le café, dissimulés dans des voitures officielles (il y eut même un faux convoi funéraire de Bessières dont le cercueil était en réalité rempli de denrées coloniales), ou par ballots, la nuit, en échappant à la vigilance des douaniers. De nouvelles fortunes furent alors constituées à Strasbourg, Mulhouse ou Besançon, dont l'origine était fort suspecte[13]. Les écumeurs de barrière et les contrebandiers ne volaient que l'Etat. Il n'en allait pas de même des voleurs vulgaires désignés sous le nom de filous, escrocs ou voleurs à la tire, selon la nature de leurs méfaits. Leur dextérité était exemplaire, mais les plus célèbres étaient victimes de leur célébrité même et soumis à une surveillance étroite. Thibaudeau rapporte que ceux de Marseille, à la veille des grandes fêtes, venaient spontanément se constituer prisonniers pour éviter des ennuis. La ruse la plus commune qu'ils employaient lorsqu'ils étaient arrêtés en flagrant délit consistait à crier aux passants qu'ils étaient des conscrits réfractaires. Aussitôt, la foule leur prêtait aide en rossant les policiers, tant la conscription était impopulaire.

Quant aux formes d'escroquerie, les journaux contiennent des avis de la Préfecture de Police mettant en garde les Parisiens contre de fausses associations charitables et autres pièges tendus à la crédulité.

La police disposait de certains moyens d'action : le port d'armes fit l'objet d'une stricte réglementation [14]. On soumit les garnis à une surveillance quasi quotidienne. On distinguait entre les hôtels garnis proprement dits, les tenanciers de meublés et les logeurs à la nuit. On comptait à Paris un nombre élevé d'hôtels garnis (3 278 au total), astreints à tenir un registre des entrées [15]. Les pointes enregistrées dans la clientèle se situaient en janvier, en mars et en juillet. Mais c'est plus particulièrement sur les logeurs à la nuit (3 000 environ) que la police portait sa curiosité. La population qui fréquentait cette forme de garnis était constituée pour 80 % d'ouvriers. Il faut en effet tenir compte de l'accroissement de la population, du prix élevé des loyers qui poussait de nombreuses personnes à sous-louer une partie de leur appartement, des voyages fréquents entre les départements et Paris imposés à des gens parfois modestes, pour comprendre l'essor, parallèlement à l'hôtellerie, de cette forme de location qui offrait un commode refuge aux marginaux. Il semble que les rafles aient souvent donné de bons résultats.

Rappelons enfin que l'arme la plus efficace dans la lutte contre le crime fut en réalité l'emploi par la police d'anciens bagnards plus ou moins repentis qui mettaient leur expérience au service de la loi. Ainsi Vidocq fit-il ses débuts sous Dubois et Henry — il permit l'arrestation du faux-monnayeur Watrin et celle d'un assassin aussi réputé que Boudin.

La prostitution

Inconnue dans les campagnes, la prostitution a pris, sous le Directoire, dans les grandes villes, une extension qu'elle n'avait pas connue avant 1789 : paysannes déracinées, ouvrières du textile réduites au chômage, domestiques sans place forment le gros des bataillons de l'amour vénal.

Sur Paris nous sommes bien renseignés grâce à l'enquête de Parent-Duchâtelet[16]. Lacuée, conseiller d'Etat en mission, avait tracé en 1801 pour la première division militaire, entendons Paris, le programme suivant : « Rendre la prostitution moins commune et moins publique, et surtout empêcher la provocation. » Surveiller plutôt qu'empêcher, telle était la réponse du préfet de police :

Une longue expérience a fait reconnaître qu'il était impossible d'abolir brutalement le vice de la prostitution sans tomber dans d'autres désordres infiniment plus dangereux. Et à l'exemple des plus sages républiques de l'Antiquité qui l'avaient reconnue en leur temps, on a été obligé de prendre le parti de la tolérance, en adoptant cette maxime qu'il est parfois nécessaire de souffrir un mal pour prévenir un mal plus considérable [17].

Toute fille se livrant à la prostitution devait être enregistrée par la police. On distinguait deux classes : les isolées et les filles de maison. Ces maisons, tolérées par la police, étaient sous l'autorité de *maîtresses.* Voici la demande formulée par l'une de ces tenancières : « Depuis sept ans, je suis femme galante et je me suis toujours comportée avec décence, honneur et probité. Consultez sur mon compte le boulanger B..., la fruitière M..., l'épicier P..., tous vous répondront que vous pouvez m'accorder ce que je demande [18]. » Il n'était pas rare qu'une personne de ce genre se retirât des affaires avec une rente de 5 000 francs.

Les filles de joie quant à elles étaient astreintes à une redevance pour visite médicale mensuelle, fixée à 12 francs pour les filles de maison et à 3 francs pour les autres. Un dispensaire de salubrité fut créé par arrêté du 23 frimaire an XI, mais des abus furent rapidement constatés. Le nouveau préfet Pasquier était accablé de réclamations :

Les intentions louables qu'avait eues l'administration en créant le dispensaire ne sont pas remplies. Il ne s'agit que d'un sujet de spéculation et de fortune pour les chirurgiens. Ceux-ci sont plus occupés de percevoir le montant de leurs visites que des soins que réclament les malades. Tous les jours des filles infectées depuis longtemps arrivent d'elles-mêmes à l'hôpital dans un état affreux.

Le vertueux Pasquier devenu préfet de police procéda à une immédiate réorganisation du service : quatre visites par mois, soins gratuits dans les dispensaires, contrôle plus étroit de la prostituée isolée. La proportion des filles contaminées aurait diminué des deux tiers [19].

Répression accrue en revanche contre les maisons de débauche clandestine. Tel fut le cas de la maison du 12 de la rue de Vaugirard :

On n'y admettait que les initiés qui donnaient le mot d'ordre; le prix d'entrée était de douze francs. On était introduit dans une vaste salle sans lumière, on y trouvait des femmes inconnues et l'on s'associait à la première que l'on rencontrait au hasard. Il y en avait de tous rangs et de tous pays. Les hommes ne pouvaient chercher à les connaître, ils ne sortaient qu'un quart d'heure après elles [20].

Livres pornographiques, spécialité de Barba, et spectacles audacieux (représentation d'une pièce intitulée *Messaline*, interdiction d'une autre annoncée sous le titre de *Justine*) furent également pourchassés.

Les maisons de jeux

Les tripots, comme la prostitution, furent tolérés par la police. Bien plus, les jeux étaient affermés à une compagnie qui versait des sommes importantes pour son privilège, près de trois millions et demi en 1806. Monde interlope, douteux, marginal, qui fascine également le bon bourgeois du Marais ou de la Chaussée d'Antin, les maisons de jeux étaient très fréquentées. Voici par exemple, décrite dans le *Miroir de l'ancien et du nouveau Paris*[21], celle de la galerie n° 9 au Palais-Royal où se trouvait concentrée la majeure partie de ces établissements :

Les habitués sont en partie d'anciens joueurs et nobles ruinés. Il faut être muni d'une carte de l'administration pour y entrer. Il s'y joue assez gros jeu; on y fait néanmoins la partie de trois francs; on appelle ceux-là *carotteurs;* ceux qui jouent 50 ou 100 louis d'un coup sont nommés *brûleurs.*

On trouve en entrant dans la première pièce trois ou quatre hommes de grosse et haute stature qu'on nomme *bouledogues.* Leur consigne est de ne pas laisser entrer ceux qui leur sont désignés. A côté, deux autres hommes à qui on donne son chapeau et sa canne. Plus loin ce sont les distributeurs gratis de bière et d'eau sucrée.

Vous entrez ensuite dans la pièce de jeu où il y a une grande table ovale autour de laquelle sont assis ou debout les joueurs que l'on nomme *pontes.* Ils ont tous une carte ou une épingle pour marquer la rouge ou la noire, afin d'organiser leur jeu.

A chaque bout de table est un homme appelé *bout de table* dont les fonctions sont de ne rien dire, mais seulement de pousser de l'argent à la banque. Au milieu de la table est celui qui tire les cartes. On le nomme *tailleur.* En face du tailleur, à sa droite et à sa gauche sont placés cinq autres hommes qu'on appelle *croupiers.* Leur métier est de payer et ramasser l'argent. Derrière les tailleurs et les croupiers sont quatre inspecteurs de jeu dont les fonctions sont d'examiner si l'on paie bien. Il y a ensuite des inspecteurs secrets qui ne sont connus de personne : leurs fonctions sont de ne rien dire mais de surveiller et de faire leur rapport à l'administration.

Ensuite les *messieurs de la chambre :* leur métier est

de distribuer les cartes aux pontes et de les abreuver de bière.

Viennent après ceux qu'on appelle *maîtres de maison.* Ceux-là ont des actions à la banque. Elles sont de 10 000 francs. Ils partagent la perte ou le gain; ils ont 36 francs par jour. Ce sont eux qui sont appelés pour trancher les différends.

Les pontes sont divisés entre « Jean qui pleure » et « Jean qui rit ». Il y a d'ailleurs une autre pièce garnie de canapés. On appelle cette pièce la chambre des blessés. Ceux qui ont perdu leur argent y sont étendus sur des canapés.

Ainsi existe-t-il dans certains quartiers de Paris une vie nocturne, bien décrite par Restif, où se côtoient pontes et voleurs, prostituées et mendiants. Monde de la nuit que tolère la police pour éviter de plus grands désordres, ceux qui naissent dans les trop grosses agglomérations.

CHAPITRE V

LA VIE MILITAIRE

La guerre est le creuset de la nouvelle société. A l'origine de prodigieuses ascensions sociales (Murat) et d'énormes fortunes (Ouvrard), elle favorise ou paralyse les activités des classes laborieuses, contribue à l'amélioration ou à l'aggravation de leur condition matérielle et absorbe l'attention générale. « On prend une tasse de thé, note la duchesse d'Abrantès, en causant de la victoire du jour. » Les rapports du préfet de police nous montrent les ouvriers commentant avec passion les bulletins de la Grande Armée qui parviennent, on l'a vu, jusque dans les villages les plus reculés. Bref, le militaire est roi. Certes la guerre l'appelle en Italie et en Allemagne, en Pologne ou en Espagne, mais il ne faut pourtant pas imaginer une France vidée de ses soldats. Dans toutes les grandes villes sont établies des garnisons qui relèvent de divisions militaires; les mouvements de troupes sont incessants sur les routes; la cour impériale enfin ressemble à une vaste caserne malgré les efforts du maître pour la civiliser.

La caste militaire

Les guerres napoléoniennes ont précipité la constitution de cette caste militaire redoutée par Robespierre et dont le rôle avait déjà été prépondérant sous le Directoire. L'ordre napoléonien reposait sur l'armée; l'ascension sociale était avant tout liée à l'épée. Mais pour obtenir l'épaulette, il est bon, après 1804, d'emprunter l'une des deux voies privilégiées : Polytechnique ou l'Ecole spéciale militaire instituée en 1802. On peut aussi à partir de 1804, entrer dans les vélites (encore les vélites à pied supprimés en 1807, la faveur pour ce mode de recrutement ira-t-elle en déclinant) ou choisir l'école de cavalerie de Saint-Germain créée en 1809. De toute façon ces moyens d'accès, malgré les bourses, supposent des études coûteuses et sont réservés à une élite sociale.

Les nouveaux officiers se recrutent essentiellement dans la région parisienne et dans l'Est. En revanche l'Ouest, pour des raisons politiques, fournit peu d'officiers. Quant au Centre, sa carence peut s'expliquer par son retard culturel. Car si l'on n'exigeait pas une forte instruction des cadres militaires, rares étaient parmi eux les illettrés. Cette impression est encore renforcée par la forte proportion de citadins[1].

La promotion au grade de sous-lieutenant est désormais moins rapide que sous la Révolution. Avant l'an XII, la proportion des officiers sortis d'une école militaire était de 1 %. Entre 1807 et 1809, elle atteint 15 %; elle tombe à 6 % entre 1813 et 1815. L'âge moyen tend parallèlement à s'abaisser[2].

A l'apogée de l'Empire les chances pour un soldat de sortir du rang semblent plus faibles que sous la Révolution. Napoléon se montre exigeant dans le recrutement de ses officiers. Toutefois, après le désastre de Russie, il a dû procéder à de véritables fournées de sous-lieutenants et de capitaines. L'un des bénéficiaires fut le célèbre Coignet, lieutenant en 1812 et capitaine l'année suivante.

Aux généraux vont récompenses pécuniaires et titres nobiliaires. Alors qu'il existe une relation avec le grade dans la distribution des titres de noblesse, la répartition des dotations s'est faite de manière arbitraire, favorisant surtout l'entourage immédiat : Sopransi, fils de la maîtresse de Berthier, avait déjà 5 000 francs de dotation, plus que certains généraux, alors qu'il n'était que chef d'escadron. Si Brune et Jourdan étaient tenus à l'écart des largesses impériales, Berthier totalisait 1 254 945 francs, Ney un million, Davout 900 000 francs. En fait beaucoup de généraux durent se contenter de leur solde : celle-ci s'élevait à 1 250 francs par mois pour un général de division avec un supplément de 312 francs en temps de guerre et des rations de vivres en campagne, à 833 francs plus un supplément de 208 francs et des rations en temps de guerre pour un général de brigade. Un colonel reçoit 562 francs, plus 168 francs en campagne, un capitaine 233 francs, un lieutenant 140 francs[3]. Sommes faibles, compte tenu des dangers du métier : il n'est que de parcourir le gros volume de Martinien, *Tableaux par corps et par batailles des officiers tués et blessés pendant les guerres de l'Empire,* pour mesurer l'importance de ces dangers.

Les genres de vie

Les maréchaux reçurent ordre de s'installer dans de somptueux hôtels du faubourg Saint-Germain ou du faubourg Saint-Honoré. Ils achetèrent de magnifiques châteaux, ainsi Grosbois passé à Berthier. Leur influence fut toutefois inexistante sur le décor de ces demeures. La guerre les tenait éloignés; ce sont les épouses ou leurs intendants qui ont meublé hôtels et châteaux, les militaires y ajoutant leurs prises de guerre. Ces militaires n'ont pas été toutefois aussi indifférents au luxe, aussi dépourvus de goût qu'on l'a écrit. Berthier, Davout, Soult n'ont rien de commun avec Lefebvre, choisi abusivement comme parangon d'une caste de parvenus.

Du luxe des maréchaux, retenons comme exemple le grand et le petit hôtel d'Eckmuhl, sis 105 et 107 rue Saint-Dominique, ancien hôtel de Monaco, acheté par Davout à Sieyès le 16 janvier 1808, pour 225 000 francs[4]. L'hôtel devint le siège du majorat du prince d'Eckmuhl, le 19 février 1812. Dans sa demande, Davout précisait qu'il avait dépensé 588 875 francs à la restauration et à l'agrandissement de l'immeuble. L'état des lieux, en juin 1817, indique au rez-de-chaussée, en dehors de la cuisine et des pièces réservées à l'office, une antichambre avec quatre banquettes circulaires, un grand fauteuil, deux chaises, le tout éclairé par une lanterne en cuivre doré; la salle des valets de chambre comprenant une console, douze chaises et une table en acajou; la grande salle à manger avec, au centre, une table en bois de sapin de Hollande se composant de deux parties circulaires et de dix feuilles d'allonge, une console en bois d'amaranthe, deux bas de buffet à dessus de marbre et deux lustres de cristaux; suivent une enfilade de salons, une chambre à coucher, une garde-robe, une salle de bain et un salon du matin. Au premier étage, on note une antichambre, une salle à manger comprenant une table en acajou massif de forme ovale, deux salons meublés de consoles, de tables rondes, de canapés, de grands fauteuils, de causeuses et de chaises, une garde-robe, une salle de bain, deux chambres à alcôve. On compte au deuxième étage dix chambres. Dans le petit hôtel accolé au grand, on relève un cabinet de travail et une chambre à coucher, un salon et une chambre à coucher au premier, cinq chambres au deuxième, d'autres chambres et une infirmerie au troisième. De nombreux tableaux attestent un goût des plus sûrs. Dans la salle à manger du premier : *Abigail* par Van Dyck et *Résurrection de Lazare* par Troyen; dans le salon attenant : *Bacchanale* par Poussin, *Chambre avec armures* par Teniers, *Vierge et enfant* de Rubens, *Paysage d'hiver*, attribué à Brueghel. Dans d'autres pièces, on peut contempler des œuvres de Van den Bossche, Franck, Deheme, Simon de Vos, Miel. Pas de peintres contemporains, du moins dans les inventaires, à l'exception d'un portait de l'Empereur. Le mobilier est le plus souvent en acajou. Quelques statues en marbre, des pendules dont le mouvement est dû à Leroy. Pas de renseignements sur la vaisselle ni sur les bijoux (on sait seulement que Davout achète le 25 janvier 1813 un collier de diamant de 29 000 francs.) Rien sur le linge, mais l'inventaire après décès de Soult, trop tardif pour être utilisé ici, nous fait étouffer sous une avalanche de nappes, de serviettes et de draps.

Nous ne connaissons pas la composition de la bibliothèque parisienne de Davout mais nous possédons l'inventaire de celle constituée à Savigny. L'art militaire domine avec le maréchal de Saxe, Puységur, Eugène de Savoie, le *Traité de l'attaque des places* par Le Blond et *Les Grandes Opérations militaires* de Jomini. Les voyageurs (Volney, Bougainville, le *Voyage de La Pérouse*) et les philosophes (Condillac, Diderot, Helvétius, Mably, Rousseau dans l'édition de 1793, Montesquieu dans celle de 1788, Voltaire) sont au complet à côté de Montaigne, Charron, Pascal et Fontenelle. Corneille, Molière, Marivaux et Laclos voisinent avec Chateaubriand (*Les Martyrs*) et Legouvé, poète à la mode. Homère et Virgile, Shakespeare et l'Arioste, Ossian et Le Tasse sont également présents. Le luxe de la table est considérable. Mais qu'en est-il en l'absence du maître ? Dans la cave de Bessières, lors de l'inventaire établi après son décès, on trouve 360 bouteilles de vin de Bourgogne, 269 de vin de Cahors, 59 de Clos-Vougeot, 56 de Malaga, 11 carafes de vin de Calabre et 28 bouteilles de Curaçao. On comprend mieux la lassitude des maréchaux en 1814 face au risque de voir continuer la guerre.

Dans les grades inférieurs, il est vrai, on ne connaît souvent que la vie rude des camps à l'étranger ou l'ennui des garnisons françaises avec les querelles d'officiers, les revues et quelques manœuvres. Blaze a merveilleusement restitué cette vie quotidienne du militaire. Elle se passe, en campagne, entre le bivouac (« on couche à la belle étoile »), le camp (« on est dans des baraques fort bien alignées »), les abrivents (« un toit de paille sur trois murs de paille, la partie ouverte est la plus haute, la partie fermée est du côté du vent⁵ »). En France, c'est la vie de garnison. L'Empire comprend en 1813, 32 divisions militaires : Paris, Mézières, Metz, Nancy, Strasbourg, Besançon, Grenoble, Toulon, Montpellier, Toulouse, Bordeaux, Nantes, Rennes, Caen, Rouen, Lille, Amsterdam, Dijon, Lyon, Périgueux, Bourges, Tours, Bastia, Bruxelles, Wesel, Mayence, Turin, Gênes, Florence, Rome, Groningue, Hambourg. Dans chaque ville importante, il y a une caserne où quelques officiers traînent une existence sans gloire, victimes du duel, de l'alcool, ou des maladies vénériennes. On y forme les conscrits, et laissons ici la plume à Elzéar Blaze :

Le conscrit que le sort arrache au toit paternel part en pleurant; une fois à la caserne, il a tout oublié. Craignant les plaisanteries de ses camarades, il a bientôt séché ses larmes; un ridicule, chez nous autres Français, effraie plus qu'un coup d'épée. Quand le soldat novice est toisé, numéroté, habillé de pied en cap, on le prendrait de loin pour un héros d'Austerlitz. Mais de près, c'est autre chose; sa tournure est guindée, il ne sait que faire de ses bras, ses jambes l'embarrassent... Cependant l'instructeur arrive; c'est un caporal à moustaches; beau parleur, dans l'intervalle de repos séparant les heures d'exercice, il ne manque jamais de raconter au blanc-bec tous les hauts faits qui jadis ont illustré son nom. Le conscrit écoute, la bouche béante, et ne comprend pas comment le caporal n'est point encore devenu colonel.

S'il faut en croire Blaze, qui sait être un humoriste, la vie de caserne, c'est en définitive la vie de château. Au sens propre : « Allez à Saint-Denis, demandez le plus bel hôtel, c'est la caserne. A

Vincennes, les soldats habitent les appartements de nos rois; à Avignon, ils sont installés dans le palais des Papes. » La nourriture est bien supérieure à celle à laquelle est habitué le fils de paysan : « Tu mangeras de la vache enragée, lui a-t-on dit cent fois. Il est tout étonné d'avoir du bon bœuf, flanqué d'une suffisante quantité de pommes de terre, et sa nourriture de tous les jours est meilleure que celle qu'il trouvait chez son père le dimanche. Son pain est bon, et plus blanc que celui qu'on mange dans les trois quarts des villages de France. » Et que dire des soins reçus : « Est-il malade, ses médecins ordinaires, ses chirurgiens en habit brodé, se font un plaisir de le soigner pour rien; l'apothicaire lui fournit gratis l'émétique et le quinquina; les sangsues arrivent à grands frais de la Hongrie, lui prodiguent leurs piqûres bienfaisantes sous la surveillance de l'infirmier qui les place dans tous les endroits indiqués par l'ordonnance. » Mais il y a aussi les corvées (le balayage intérieur et extérieur de la caserne) et l'exercice du fusil. Il faut « nettoyer les armes, astiquer la giberne, brosser les habits, cirer les souliers, polir les boutons », le tout au roulement du tambour et avec la menace d'être envoyé en salle de police. « L'obéissance passive de grade en grade est la condition sine qua non de l'existence d'une armée », conclut Blaze[6].

En campagne, se déplaçant à marches forcées ou sous le feu de l'ennemi, le conscrit regrettera le temps heureux de la caserne[7]. Notons que les paysans plus aguerris, habitués à la vie au grand air et aux longues marches, fourniront de meilleurs soldats que les ouvriers.

L'antimilitarisme

Dans la société napoléonienne, la faveur va aux militaires. Mais dans les dernières années de l'Empire se dessine un mouvement d'hostilité à l'égard des soldats. Leurs provocations et leurs rixes, leur gossièreté envers les civils, et plus particulièrement à l'égard des femmes, finissent par lasser. Un exemple de leurs violences : ce rapport de police du 9 juillet 1804 :

Hier, quarante cuirassiers environ ont causé du désordre dans le jardin du Tribunat et ont maltraité les femmes... Avant-hier soir, les nommés Bosdon, sergent-major du 2e bataillon du 4e régiment de carabiniers, Clément, sergent-major des grenadiers du 32e régiment de ligne et Brunat, aussi sergent-major de grenadiers du même régiment, sont entrés armés chez le sieur Redondeau, marchand de vin aux Champs-Elysées et ont menacé de leurs sabres le maître de la maison et les sentinelles qui voulaient s'opposer à leur passage. Des agents de police étant parvenus à arrêter l'un des perturbateurs, le déposèrent au poste des Champs-Elysées où il n'y avait ni officier ni commandant et où on leur refusa main forte pour arrêter les deux autres. Bientôt ces derniers qui avaient pris la fuite, revinrent à force armée, firent relaxer leur camarade et se permirent de consigner au poste l'un des agents[8].

Nul n'ignorait que les généraux se livraient à d'effrayantes rapines non seulement aux dépens des pays vaincus, mais ce que l'on pardonnait moins, au détriment du Trésor public. Le 30 septembre 1807, Napoléon devait s'en prendre à Junot qui cumulait soldes et traitements : « Faites-lui connaître qu'à partir de l'année prochaine son traitement sera réduit et témoignez mon mécontentement aux inspecteurs des revues, de n'avoir pas réclamé contre ces abus[9]. »

Certains essaient de tromper l'administration : « Je n'ai pas donné 54 000 francs de rente au comte de Lobau mais 50 000, ni 325 000 francs au prince de Wagram, mais 300 000 francs. Otez l'excédent de ces sommes et n'écoutez aucune réclamation. » Lannes auquel le Premier Consul avait promis de payer les dépenses d'ameublement de son hôtel, n'hésite pas à puiser 300 000 francs dans les caisses de la Garde. A Marmont, le 16 mai 1808, Napoléon doit écrire : « Vous n'avez pas le droit de disposer d'un sou que le ministre ne l'ait mis à votre disposition[10]. »

Plus encore que les vols et concussions qui parviennent à la connaissance du public, plus encore même que les violences, c'est le mépris du *pékin* qui irrite les civils. « Nous appelons *pékin* tout ce qui n'est pas militaire », déclare un général. A quoi Talleyrand répond : « Oui, comme nous appelons *militaire* tout ce qui n'est pas civil ! » M. de Rémusat écrit à sa femme :

C'est une chose curieuse que de les entendre parler de ce qui n'est pas militaire. Ils sont à notre égard si boursouflés de leur gloire encore toute chaude qu'il faut bien de l'adresse et beaucoup de sacrifices de vanité, et de vanité même un peu fondée, pour parvenir à être supporté par eux[11].

Un monde à part qui tend non seulement à s'isoler mais à se mettre au-dessus des lois. Ecoutons l'effarant récit de Thiébault. Mécontent d'avoir été arrêté par les douaniers à son passage en Espagne, il décide de se venger au retour.

Toutes mes hardes, y compris le drap de contrebande acheté à Ségovie, entrèrent en France vingt-quatre heures avant moi. Arrivant à la Bidassoa, je n'avais donc ni un porte-manteau ni un sac de nuit; toutefois rien ne décelait cette disposition : mon fourgon d'abord, ma cabine ensuite, tous deux bien fermés, couraient devant moi... Je fis donner aux douaniers les clefs des deux cadenas du fourgon. A la manière dont ils se précipitèrent dessus, on eût dit qu'ils le prenaient d'assaut. Jamais zèle ne fut plus mal récompensé : le fourgon ne contenait que nos dix grands chiens et le chien renard, renfermés là depuis plus de deux heures et qui mirent la plus grande véhémence pour recouvrer leur liberté, sautant à la figure des douaniers qui furent presque tous jetés à terre [12].

On ne sera pas étonné de noter la fréquence des heurts entre préfets et gouverneurs militaires dans les départements. Une note de fructidor an X trancha le conflit :

Plusieurs difficultés se sont élevées entre des chefs militaires d'une part, des préfets de l'autre, à l'occasion des rapports établis entre eux, soit pour les affaires de l'administration, soit pour les cérémonies publiques. En conséquence, voici les instructions officielles pour les cérémonies publiques : le préfet ordonnera la cérémonie; il y occupera la première place; le général commandant la troupe sera placé à sa gauche. La cérémonie ne commencera qu'à l'arrivée du préfet; il se retirera le premier [13].

En vain. A l'apogée de l'Empire, Stendhal dénonçait « cette engeance dont on ne relève point encore les ridicules, mais on les relèvera ».

CHAPITRE VI

LES FRANÇAIS HORS DE FRANCE

Sous l'Empire, l'aventure n'est plus maritime mais continentale. Des ports bloqués par la *Royal Navy* ne sortent que caboteurs et corsaires, dans la mesure où ils parviennent à échapper à la surveillance anglaise. Vision déprimante que celle de ces anciens centres de la prospérité française que furent Nantes, Bordeaux ou Marseille, plongés par la guerre franco-britannique dans un marasme presque total. Nemnich nous a laissé une description saisissante du port bordelais :

Avant la Révolution cette ville avait fait de puissants progrès commerciaux; elle s'élançait vers une prospérité encore plus grande; la multitude des vaisseaux cachait la vue de l'eau aussi bien que celle de la rive opposée. Aujourd'hui, c'est tout le contraire. Au lieu de progrès, on craint sans cesse une toujours plus grande régression. On voit des navires parcimonieusement dispersés sur la large surface de l'eau; et la vue n'est plus découpée à l'infini par une forêt de mâts[1].

Mais la conquête napoléonienne ouvre sur le continent d'importants débouchés pour tous ceux, hommes d'affaires, généraux ou fonctionnaires qui souhaitent un enrichissement rapide.

que n'assurent plus les colonies et le trafic maritime, à l'exception de la course, alors qu'en revanche royaumes vassaux et pays annexés nécessitent la présence sur leur territoire d'une administration et de nombreuses garnisons françaises.

Les pays annexés

En Belgique, sur la rive gauche du Rhin, en Italie, s'installe dès la Révolution, une administration française. Annexé à son tour en 1810 et transformé en départements français, le royaume de Hollande voit une armée de fonctionnaires et de douaniers s'abattre sur lui. Il en va de même dans les villes de la Hanse. « Je me rappellerai toujours, note un contemporain, l'étonnement des Hambourgeois lorsqu'ils furent envahis par cette nuée de préposés français qui, sous toutes les formes, faisaient des perquisitions dans leur domicile et venaient y appliquer les prétentions multipliées du fisc[2]. » D'autant que, poursuit ce contemporain, « la réunion de ces provinces à la France était une cruelle dérision. Les habitants étaient réputés Français, et comme tels soumis à toutes nos charges. D'un autre côté, ils restaient étrangers pour qu'on pût aggraver leur sort par de nouvelles vexations ».

Sur la vie quotidienne des fonctionnaires français dans ces territoires annexés, nous disposons de nombreux témoignages. Voici celui de Barthélemy nommé sous-préfet à Lunebourg dans le département des Bouches-de-l'Elbe.

Le 17 octobre 1811, je prenais possession de mon poste, et mon arrivée y fut singulièrement pittoresque. L'Elbe était débordée, mais pas assez pour qu'un canot pût venir me chercher à bord du bateau qui m'amenait d'Hambourg; comme il pleuvait à verse, il me fallut me jucher en uniforme, avec mon parapluie ouvert, sur le dos du batelier qui me mit à terre. Une autre surprise m'attendait. La sous-préfecture était installée dans l'ancien château ducal, immense construction encore meublée à la mode du siècle dernier : des chambres vastes comme des halles, des lits de dix pieds carrés (il fallait cinq de mes draps pour les garnir), des tapisseries garnissant tous les murs. Rien d'ailleurs n'y manquait, ni argenterie, ni superbe linge damassé et cela avait son utilité quand on saura que pour être envoyé à une si grande distance de mon pays, j'avais un modeste traitement de 4 000 livres et une somme égale pour mes frais de bureau[3].

La mission n'est pas aisée. Et il n'est déjà pas toujours facile de rejoindre son poste. Plancy, nommé à la préfecture d'Ivrée, en Piémont, doit traverser les Alpes :

A notre arrivée au pied du Mont-Cenis, il nous fallut, comme à tous les voyageurs qui le franchissaient pour se rendre en Italie, nous arrêter dans un village et y louer les mulets que nécessitait le transport de nos bagages. Notre petite caravane s'achemina ensuite dans la montagne, un mulet portant les roues de notre voiture, un autre la caisse, un troisième le train, d'autres encore les vaches et mes malles; nous-mêmes les suivions chargés chacun d'un sac ou d'une caisse. Le passage était long et très dangereux; j'appris que, lorsqu'il pleuvait seulement dans la plaine, il tombait tant de neige sur les sommets que les courriers de France ou d'Italie se voyaient obligés de séjourner parfois jusqu'à quinze jours en bas de la montagne, d'un côté ou de l'autre, pour attendre la fonte des neiges[4].

Il faut ensuite convaincre les populations des bienfaits de l'Empire. Pour cela, le même Plancy recommande une méthode efficace et agréable, qui fut suivie par tous les préfets dans les nouveaux départements : « Il fallait recevoir gracieusement, donner des fêtes, des dîners, avoir même un bon cuisinier, un convive satisfait étant presque toujours un ami[5]. » Ce qui devait aller de pair avec une grande fermeté pour les rentrées d'impôts et les levées d'hommes.

De la vie de ces administrateurs, quelques traits généraux peuvent être dégagés. La nostalgie d'abord : « J'avais tout à organiser, cela était bien suffisant pour me faire oublier, au début, mon éloignement de France[6] », confesse Barthélémy. Notons ensuite un certain scepticisme : « Je me rappelle qu'un jour d'été, consigne Puymaigre dans ses *Souvenirs...*, étant allé à Travemonde, petit port sur la Baltique, j'eus envie de me baigner dans cette paisible mer sans flux ni reflux. J'y rencontrai, non loin de la plage, M. de Serre, alors premier président à Hambourg, qui me dit : « J'ai beau le faire, je ne puis croire que je me baigne dans des eaux françaises[7]. » « C'est que les difficultés d'adaptation ont été grandes, surtout en Allemagne et en Hollande, à cause de la langue. Un avantage : le paiement des traitements en francs. Jusqu'en 1813, ces traitements ont été versés de façon régulière. Ils permettaient au préfet, au juge, au directeur des contributions, de faire venir leur famille et de mener ainsi une vie comparable à celle qu'ils eussent connue en France.

Leur pouvoir d'achat était même plus important que dans une petite ville de province. S'y ajoutait une autorité étendue :

Tout me sembla charmant au début, observe Barthélémy; l'installation, comme je l'ai dit, me plaisait infiniment; l'accueil de la population fut très sympathique; j'étais bien reçu partout. J'avais beaucoup de travail, car la présence de vingt-cinq mille hommes dans mon arrondissement l'augmentait d'autant plus que l'Empereur ayant supprimé le commissariat supérieur de police de Lunebourg, les fonctions m'en étaient dévolues; elles me donnaient les pouvoirs les plus étendus. Tous les salons de la ville me furent ouverts dès qu'on sut avec quelle modération j'entendais les délicates fonctions de sous-préfet dans un pays conquis, avec quelle fermeté je prétendais réprimer les incartades des soldats, habitués depuis longtemps à traiter ce pays sans ménagements, ce qui ne m'empêcha pas de conserver toujours les meilleurs rapports avec l'autorité militaire. Comme je le mandais à mon père, « nous sommes ici de petits pachas[8] ».

La tentation de s'enrichir par tous les moyens était grande; la corruption fut, semble-t-il, très répandue.

Lors de mon entrée en fonction, tous les employés de mon administration (les droits réunis) venaient d'être renvoyés pour malversations; tous ceux de l'administration des forêts avaient subi le même sort et, pendant mon séjour de trois ans, je vis chasser le préfet, le maire de Spire, le maire de Worms, le receveur particulier des finances, le procureur impérial, et presque tous les receveurs de l'enregistrement. Tous étaient des fripons.

Mais le même témoin rend hommage à l'honnêteté d'autres Français. Ainsi le préfet du Mont-Tonnerre, Jean-Bon-Saint-André : « Cet homme était juste, impartial, grand administrateur et d'une probité à toute épreuve[9]. »

Notons enfin un sens plus accentué qu'en France de la hiérarchie. Puymaigre note drôlement que dans les bals, la figure d'une contre-danse était toujours commencée par madame la générale de division, ou à défaut par madame la générale de brigade.

Les royaumes vassaux

La situation est différente dans les royaumes vassaux (la Hollande, Naples, la Westphalie, l'Espagne) qui conservent leurs institutions et leurs traditions, où l'introduction du Code civil doit tenir compte des coutumes locales[10]. Certes la politique napoléonienne est une politique d'assimilation à long terme, mais les nouveaux rois ont fait preuve le plus souvent d'indépendance.

De surcroît, les Français qui partent dans les royaumes vassaux doivent renoncer à leur ancienne situation. Ainsi Siméon est-il sommé, une fois devenu ministre de la Justice de Jérôme, en Westphalie, d'abandonner son titre de conseiller d'Etat. Ils ont le sentiment qu'ils s'éloignent du pouvoir véritable. On ne s'étonnera pas que Miot de Mélito qui servit Joseph à Naples puis en Espagne, écrive dans ses Mémoires, à la date de 1806 : « Eloigné comme je vais me trouver pendant plusieurs années, de la France et du grand foyer des affaires publiques, je sens que ce que j'aurai à consigner ne doit plus offrir le degré d'intérêt qui a pu s'attacher jusqu'ici à ces mémoires : la scène sera moins étendue [11]. »

Dans les royaumes vassaux, il faut partager les responsabilités politiques avec l'indigène. Beugnot tient dans ses Mémoires des propos favorables aux ministres allemands, ses collègues, dans le grand-duché de Berg. Miot est moins élogieux. Rappelant l'installation de Joseph à Naples, il note :

Dès le premier moment, le prince désireux de conquérir l'affection du pays qu'il était destiné à gouverner, crut que le meilleur moyen d'y parvenir était de choisir ses ministres et les principaux agents de l'administration publique parmi les Napolitains... Le prince nomma d'abord un ministère tout à fait national; mais s'apercevant bientôt de la répugnance que les officiers français éprouvaient à traiter avec un général napolitain et à se trouver sous ses ordres, il fit choix de deux ministres français.

Plus encore que le personnel civil, ce sont les militaires qui ont un rôle de premier plan. Mais leur vie n'est pas toujours facile. Le 12 mars 1808, le général Michaud, un vétéran des guerres de la Révolution arrive à Magdebourg, l'une des citadelles les plus importantes du royaume de Westphalie. C'est aussitôt une lettre de protestation au ministre de la Guerre :

J'ai la certitude que toutes les troupes qui se trouvent à Magdebourg y sont sous tous les rapports sur le même pied et y reçoivent le même traitement. Je suis loin de vouloir dire que ce traitement leur soit avantageux : tout ici est extraordinairement cher, soit par la rareté des denrées, la dépréciation des monnaies, ou pour d'autres motifs que j'ignore. Les lieutenants et sous-lieutenants se trouvent dans l'impossibilité de vivre dans les auberges et de trouver des pensions décentes, les capitaines peuvent à peine en supporter les frais en y mettant tous leurs appointements. Je vous invite à faire connaître leur position à S.M. Elle est d'autant plus sensible pour eux que dans tout le reste de l'Allemagne et dans la Pologne les troupes sont nourries chez l'habitant ou reçoivent une indemnité[13].

Michaud doit, de plus, interdire aux soldats l'entrée des « tabagies, bastringues, etc. » à la suite de bagarres entre militaires westphaliens et français. La garnison est au demeurant cosmopolite : Saxons, Bavarois, Hollandais, Polonais et même Espagnols la composent. D'abord apathique, la population s'anime peu à peu contre l'occupant. La mauvaise volonté des fonctionnaires allemands est chaque jour plus évidente. Le change pose de sérieux problèmes pour les soldes.

Reste que la campagne est belle, que l'on peut y organiser des promenades ou des parties de chasse. Michaud, que sa femme et ses deux filles sont venues rejoindre, peut écrire au printemps de 1808 à son beau-père : « Madame Michaud se propose de vous écrire incessamment et de vous donner elle-même des nouvelles de sa santé. Elles seront plus exactes que celles que je pourrais vous donner. Celle des petites ne laisse rien à désirer. Je profite de temps en temps de la mienne pour me donner le plaisir de la chasse. » Il y a aussi les fêtes somptueuses que donne le roi Jérôme. Duviquet, qui servit en Westphalie, nous en a laissé d'excellentes descriptions :

Le roi donna à Schönfeld une fête de nuit charmante par les brillantes illuminations qui en faisaient le principal ornement. La grande avenue était plantée d'ifs qui jetaient un éclat extraordinaire, et conduisait à un théâtre où la troupe de Cassel donnait pour pièce une fête de village, faite en l'honneur des maîtres de la maison que, dans des couplets analogues, on avait métamorphosés en bons fermiers allemands, et qu'on célébrait à ce titre.

Après cette petite scène villageoise, la Cour descendit une pente douce et suivit le chemin dit des Diamants, qui conduisait à une pièce d'eau où d'autres artistes représentaient une joute; montés sur de petits batelets, et armés d'avirons, ils combattaient à outrance. Les vaincus regagnaient à la nage le bord opposé.

Le chemin des Diamants était ainsi nommé à cause des milliers de petits lampions placés à fleur de terre qui en bordaient chaque côté et qui figuraient autant de diamants et d'escarboucles.

De là, l'illustre compagnie passa dans un salon de fleurs et de feuillage, éclairé par un nombre infini de verres de couleurs, dont les uns étaient disposés en lustres, d'autres en candélabres, girandoles, etc. Les danseurs de l'Opéra exécutèrent un ballet de la composition d'Aumer qui amusa fort l'honorable assistance.

Cette charmante fête fut terminée par un joli souper auquel les élus seuls prirent part. Alors les jardins furent ouverts au public qui se précipita en foule partout pour admirer les illuminations qui méritaient en effet de l'être[13].

Fastes coûteux que supporte le contribuable local et qui parviennent mal à dissimuler l'angoisse née de l'isolement de la communauté française coupée de la population allemande, italienne ou espagnole par les problèmes de langue, par la mauvaise conscience de l'occupant et l'hostilité de l'occupé. C'est en Espagne que ce sentiment fut le plus fort, en Espagne où le pillage tient lieu bien souvent de solde ou de traitement. Il fallait profiter au plus vite d'une occupation que l'on devinait précaire. Attitude qui contribua encore à accroître les antagonismes. Les Français ont eu beaucoup plus de mal à se faire admettre dans les royaumes vassaux que dans les territoires annexés de la Belgique ou de l'Italie du Nord, déjà habitués au joug autrichien, ou sur la rive gauche du Rhin qui ne connaissait encore aucun sentiment national profond. La vie fut donc différente dans les royaumes, plus repliée, plus dangereuse, limitée — sur le plan des relations avec l'habitant — aux liens noués avec les « collaborateurs », les *afrancesados*, tout aussi menacés, sinon plus. Elisa dans une lettre du 18 mars 1807 à Napoléon se plaint de l'hostilité de ses sujets toscans : « Il n'y a pas d'entraves que les Pisans ne prettent *(sic)* pour empêcher mes gendarmes d'arriver. Mes fourgons ont été visités aux douanes avec une rigueur qu'on ne devait pas avoir avec des particuliers, par conséquent avec la sœur de l'Empereur [14]. »

Les anciens émigrés

Ancien émigré rallié au nouveau régime, Puymaigre nous évoque le sort de ses camarades d'infortune restés à Hambourg ou dans les environs, murés dans leur refus de reconnaître l'Empire. « C'étaient des gens, écrit-il, qui avaient cherché par d'obscures spéculations et quelquefois par des pratiques peu honorables à se procurer des ressources... » Jugement peut-être sévère, surtout lorsque Puymaigre ajoute : « Ces émigrés faisaient tous les métiers pour vivre dans une sorte de mollesse, et cependant plus tard, pendant la Restauration, on verra ceux-ci faire valoir leurs services, demander de nouveaux grades et en obtenir au préjudice de ceux qui s'étaient bien battus[15]. » Il y eut de nombreuses exceptions. Ainsi le sculpteur franc-comtois Jean-Baptiste Boiston, qui avait beaucoup travaillé pour les Condé, émigra avec une partie de la maison des Princes. Vers 1801, après avoir été vaguemestre de l'armée des émigrés, il est à Hambourg. Il y épouse en secondes noces une femme qu'il présente comme « victime de la Révolution ». Le ménage subsiste grâce aux petites pensions que servent le prince de Condé et le gouvernement britannique. Mais Boiston doit se faire jardinier, puis ouvrir un petit magasin de liqueurs. En fait, le Blocus continental entrave le commerce et l'arrivée des pensions. C'est la misère. En août 1813, Boiston rentre en France avec deux malles à cadenas pour tout bagage. Il meurt en septembre, sans avoir tiré le moindre avantage de sa fidélité aux Condé[16]. Destin misérable d'un Français hors de France.

CHAPITRE VII

LA COUR

LESUEUR avait écrit une messe sur l'ordre de Napoléon;
le couple impérial venait de rentrer de Hollande et
d'Anvers, et Lesueur reçut l'ordre de prévoir l'exécution de sa messe pour le dimanche suivant, 8 décembre
1811. Toute la société avait décidé de paraître à la chapelle des Tuileries. A midi, les deux tribunes latérales
s'animèrent; les personnalités les plus en vue de la
capitale, on peut même dire de tout l'Empire, se trouvaient réunies dans cet étroit espace (Talleyrand, Fouché, Ney...). Dans la tribune des dames était rassemblée
toute la maison de l'Impératrice et celles des Princesses. Les femmes des ministres, des maréchaux, des
ambassadeurs étaient également présentes; toilettes,
toutes très éclatantes, parures et diamants à profusion.
Dans la nef de l'église, sous la tribune impériale, se
tenaient deux hallebardiers en costume de haute époque espagnole, et derrière eux, occupant la largeur de
l'église un peloton de grenadiers avec deux tambours.
Toute cette figuration avait à la fois quelque chose
d'imposant et en même temps de pittoresque. A cette
impression grandiose se mêlait toutefois un certain
sentiment de théâtre.

Vers une heure, on vit d'abord entrer deux pages
dans la tribune impériale; ils portaient des prie-Dieu
qu'ils placèrent devant les fauteuils impériaux. Puis
apparurent une demi-douzaine d'officiers en uniformes

bleu-ciel brodés d'argent, la canne à la main; la maison de l'Impératrice les suivait, en tête le comte de Beauharnais, chevalier d'honneur et le Premier Ecuyer, prince Aldobrandini. Quand sa suite se fut rangée sur le côté gauche de la tribune, l'Impératrice, une femme fraîche et blonde, fit son entrée, précédée de six pages et prit place sur le siège gauche. Toute l'assistance s'était levée à son entrée; un silence attentif régnait; dans quelques minutes l'Empereur devait apparaître.

Tout en frappant le sol de leurs lances, les hallebardiers crient à haute voix : « l'Empereur! » L'officier de garde commande au peloton de grenadiers de présenter les armes; les tambours scandent une marche; l'Impératrice se lève; au milieu de sa suite qui, vêtue de brillants uniformes tout brodés d'or et d'argent, s'avance à pas mesurés, Napoléon fait alors son entrée dans le simple uniforme de grenadier à cheval; l'effet de contraste était saisissant et bien calculé.

Immédiatement commença la messe de Lesueur. Tout à coup des fanfares retentissent; on entend à l'extérieur la musique bruyante de la Garde, tandis que passent au-dehors les canons attelés qu'on entend résonner. Ce sont les troupes qui prennent place pour la parade dans la cour des Tuileries, sur la place du Carrousel et dans les rues avoisinantes. Toute l'assemblée semble subitement traversée d'un courant électrique : Napoléon lui-même paraît en être le plus saisi. Les balancements de son buste s'accélèrent et de sa courte cravache, il tapote ses jambes et ses bottes[1].

C'est Wilhem Speyer, un jeune musicien allemand venu étudier à Paris, sous la direction de Baillot, artiste de la chapelle des Tuileries, qui nous a laissé la meilleure description de la cour impériale dans le texte qu'on vient de lire, mettant en lumière son extraordinaire mélange de raffinement et de mauvais goût, de traditions anciennes et de mœurs militaires.

La création de la cour des Tuileries où Bonaparte vint s'établir le 30 pluviôse an VIII, s'est
faite en plusieurs étapes : réception solennelle du
corps diplomatique et des assemblées, réapparition
tion du protocole dont la direction fut confiée de
façon inattendue à l'ancien ministre de l'Intérieur
Bénézech, devenu conseiller d'Etat, retour à l'ap-
pellation de « madame » pour les femmes admises à la cour, développement de la domesticité.

Au moment de l'installation aux Tuileries, le
poste clef est celui de gouverneur du palais. Bonaparte nomme Duroc, un bon soldat et un diplo-
mate habile. L'autre commandement important
est celui de la garde des consuls; c'est Murat qui
en est investi. Bientôt sept aides de camp entou-
rent le Premier Consul (Caffarelli, Lauriston,
Lemarrois, Rapp, Savary, Caulaincourt et le capitaine Lebrun, fils du consul, tous brillamment
chamarrés[2]). Nodier qui assista à des parades au
début du Consulat, a décrit les aides de camp
aux uniformes couverts de broderies d'or dont la
splendeur contrastait avec l'habit gris de Bonaparte. Vinrent s'ajouter à la garde consulaire la
gendarmerie d'élite et les mamelouks.

La maison du Premier Consul est encore
réduite : le citoyen Rippeau bibliothécaire, l'intendant Pfister. A la cuisine : Venard, chef, Colin,
chef d'office, Gaillot et Danger, chefs d'emploi. A
la chambre, un premier valet Hambart et des
seconds valets dont Constant sans oublier Rous-
tam. Un valet est de service auprès du Premier
Consul; la relève a lieu chaque jour à midi. Pour
l'écurie on note Vigogne, déjà écuyer en Egypte,

qui a sous sa responsabilité une quinzaine de sub-
alternes et des mamelouks, le cocher César et le
courrier Moustache. Bourrienne dirige ce personnel et s'occupe des comptes[3].

La transition vers une cour monarchique a été
voulue par Bonaparte. Mme de Rémusat est
formelle :

Chaque jour, il inventait quelques nouveautés dans
sa manière de vivre qui donnèrent bientôt au lieu qu'il
habitait de grandes ressemblances avec le palais d'un
souverain. Son goût le portait aussi vers une sorte de
représentation pourvu qu'elle ne gênât point ses allu-
res particulières. Aussi faisait-il peser sur ceux qui l'en-
touraient la charge du cérémonial. D'ailleurs, il était
convaincu qu'on séduit les Français par l'éclat des
pompes extérieures[4].

Les transformations s'opèrent rapidement. La
réception en juin 1801 des souverains d'Etrurie
favorise le développement du protocole, le retour
aux livrées, l'essor d'un faste officiel qui s'étale
lors de la fête donnée par Talleyrand au château
de Neuilly. Désormais les bottes et les pantalons
disparaissent au profit des souliers à boucle, des
bas de soie et des culottes courtes. Non sans
résistance[5].

Les feux d'artifice — dont le succès populaire
est par ailleurs considérable, notamment le 14
juillet 1801 où Ruggieri présenta le feu d'aérosta-
tion (un ballon explosant en l'air et provoquant
une pluie de feux variés) — accentuent encore ce
retour à l'ancien régime[6].

Le tournant décisif se place après le voyage en
Normandie du 29 octobre au 14 novembre 1802.
L'empressement de la population et des autorités

locales conforte le Premier Consul et surtout Joséphine qui va recevoir un entourage formé de dames du Palais. Prudence toutefois. Officiellement la cour n'apparaît pas dans les almanachs nationaux. C'est la proclamation de l'Empire qui l'officialise. Avant la noblesse d'Empire qui ne sera créée qu'en 1808 sont déjà ressuscitées les grandes charges : archichancelier d'Etat, Connétable, Grand Amiral... Au mois de juillet 1804 apparaissent les grands officiers du palais de l'Empereur. Princes et princesses ont leur maison. La cour prend sa forme définitive.

La vie de la cour

La vie de la cour impériale s'est modelée peu à peu sur l'exemple de Versailles. Le ralliement d'une partie de l'ancienne noblesse a joué dans sa transformation un rôle décisif. Les anecdotes mille fois colportées sur les bévues de la maréchale Lefebvre, la brutalité d'Augereau envers sa femme ou les maladresses du général Gros qui aurait répondu à une question de l'Empereur : « Oui, Monsieur Sire », ne sont qu'amusantes exceptions[7]. Beaucoup de rudesse, mais malgré tout du panache; de la raideur, mais plus rarement de la morgue; un sens du faste, mais sans prodigalité vaine. Les railleries de l'aristocratie du faubourg Saint-Germain restée dans l'opposition, ont été probablement injustes.

Au demeurant la cour des Tuileries n'a connu qu'une brève existence, et en l'absence du maître, n'a guère vécu qu'au ralenti. Méfions-nous des mémoires. La générale Durand nous donne un tableau souvent reproduit mais fort inexact des fastes de l'Empire. Napoléon devait y relever à Sainte-Hélène de nombreuses erreurs. Quant à Bausset, ses souvenirs ont été rédigés par plusieurs teinturiers, dont, dit-on, Balzac lui-même. Les documents sont en revanche abondants. Nous possédons le premier budget de la cour qui en décrit en même temps l'organisation[8].

La maison de l'Empereur comprend un Grand Aumônier (qui reçoit 40 000 francs) assisté d'un premier aumônier (l'évêque de Versailles, 20 000 francs), de deux aumôniers ordinaires et deux chapelains. Le Grand Maréchal du Palais, Duroc, qui recevait également 40 000 francs, avait sous ses ordres, 4 adjoints, un gouverneur, un sous-gouverneur, un premier préfet (30 000 francs), deux préfets (15 000 francs) et un maître d'hôtel. Le Grand Chambellan (Talleyrand), dirigeait un premier chambellan (30 000 francs) et 16 chambellans dont les émoluments variaient entre 12 000 et 6 000 francs. Au Grand Ecuyer (Caulaincourt, 40 000 francs) revenait la direction d'un premier écuyer, de six écuyers cavalcadeurs, un gouverneur des pages et 18, puis 36 pages (Balincourt, Baral, Bonnaire, Hatry, Lauriston, Najac...). Le Grand Veneur (Berthier qui cumule ses 40 000 francs avec d'autres gratifications), son premier veneur et des capitaines des chasses, un Grand Maître des Cérémonies (Ségur), deux maîtres des cérémonies, introducteurs des ambassadeurs et deux aides secrétaires, un premier médecin (Corvisart, 30 000 francs), un médecin ordinaire (Hallé), un premier chirurgien (Boyer, 15 000 francs), un chirurgien ordinaire (Yvan), un premier pharmacien (Deyeux) complétaient la maison civile dont les dépenses étaient contrôlées par un intendant général (Fleurieu) et un trésorier général. Quant à la maison militaire, elle était formée de quatre colonels généraux de la Garde, de huit aides de camp et d'un commandant de la gendarmerie de la maison impériale.

Par le même règlement du 28 messidor an XII est prévue la maison de l'Impératrice : un premier aumônier et deux chapelains, une dame d'honneur, une dame d'atours, seize dames du palais, un premier chambellan assisté de quatre autres chambellans, trois écuyers, un secrétaire des commandements.

Même minutie dans l'organisation de la maison des frères et sœurs de l'Empereur : écuyer, chambellans, chapelains médecins et secrétaires des commandements. Tous les officiers du Palais cumulent les traitements qu'ils reçoivent avec les appointements que leur assurent leurs fonctions civiles ou militaires. Le cérémonial fait l'objet de publications où l'on trouve l'indication des honneurs à rendre à l'Empereur et aux membres de sa famille[9].

On a tout dit des divertissements de la cour : aux bals l'Empereur préférait la tragédie que venait jouer la Comédie-Française; il tolérait le jeu mais sans permettre les ruineuses parties de Versailles. Il accordait plus d'intérêt, on l'a vu, à la parade militaire qu'à la messe solennelle. Ressuscitée de l'Ancien Régime la *présentation* était indispensable pour faire partie de la cour. La grande affaire ce sont les quadrilles. Marie-Louise les impose aux Tuileries. Le plus célèbre est celui des *Heures* qui fut réglé par Dupaty.

On y voit les douze divinités descendues des astres, puis les étoiles qui dansent un pas. Survient Iris représentée par la comtesse Legrand, une des beautés les plus fraîches du monde impérial, suivie des nymphes et du Zéphyr qui s'agenouille devant Rome incarnée par la princesse Pauline, vêtue d'un costume splendide. Ensuite apparaît Egérie figurée par la comtesse de Noailles qui présente à Rome un miroir où celle-ci aperçoit ses destins futurs. L'orchestre attaque un air belliqueux et l'on voit surgir différents génies dont celui de la France représentée par la reine de Naples. Enfin surgit le beau La Grange sous les traits d'Apollon que suivent les Heures au nombre de vingt-quatre. C'est un véritable ballet d'une richesse de costumes incroyable et d'une rare complexité dans les danses. Le quadrille achevé, et entre chaque danse, les officiers du Palais, les pages et les valets de pied passent parmi les assistants avec des plateaux chargés de glaces et de rafraîchissements [10].

Au demeurant une vie mondaine se déroule en dehors des Tuileries. On se rend chez Cambacérès célèbre pour sa table, chez Talleyrand pour y prendre une leçon de politesse, et chez Maret pour se faire élire à l'Académie, son salon rivalisant dans ce domaine avec celui de Régnault de Saint-Jean-d'Angély.

Dans cette vie mondaine, un absent : Napoléon. Sur sa vie quotidienne aux Tuileries, il n'est sans doute pas de meilleur témoignage que celui de Fain dont il faudrait reproduire dans leur intégralité les Mémoires. Tout y est décrit minutieusement, du lever au coucher de l'Empereur, du travail nocturne aux séances du Conseil d'Etat, de l'heure des repas à celle des audiences [11]. Des Tuileries, ou de la tente dressée à la hâte en campagne, part l'impulsion qui anime l'Empire; les humeurs du maître régissent la vie quotidienne des Français, du moins une partie de leur vie car il n'est au pouvoir de nul homme d'Etat de commander aux éléments naturels, ces éléments naturels qui ont plus d'importance pour une société rurale que les décrets de l'Empereur lui-même.

CONCLUSION

La vie quotidienne des Français sous Napoléon ne diffère guère de celle des sujets de Louis XIV. Même France paysanne que dominent les préoccupations météorologiques qui conditionnent la récolte, où la soif de terre est à peine calmée par la vente des biens nationaux, et que déchirent les inévitables conflits provoqués par les successions ou les partages communaux.

Fermes isolées ou villages sont sous la dépendance économique et administrative du bourg où se tiennent les foires, où se distribue le travail du textile qui servira de ressource complémentaire l'hiver, où se paie l'impôt et où siège le juge de paix appelé à trancher les différends.

Les travaux des champs n'ont pas évolué d'Olivier de Serres à l'abbé de Pradt; la progression de la jachère est faible; nouvelle venue, la pomme de terre commence à peine la conquête de sols médiocres et ne s'impose pas encore dans l'alimentation paysanne. Mais l'Empire correspond dans de nombreuses régions à une nette amélioration des conditions de vie. Si la hausse des fermages rattrape celle du blé, la hausse des salaires des journaliers est devenue plus forte que sous l'Ancien Régime, créant une impression de prospérité. Les anciens combattants de la Grande Armée trouveront après 1814 un auditoire favorable dans les granges ou au coin du feu, le soir à la veillée, lorsqu'ils exalteront l'Empereur. Le vote des campagnes pèsera lourd dans l'avènement du Second Empire.

L'amélioration de la condition ouvrière est plus apparente que réelle, sauf à Paris, où Napoléon a su éviter le double fléau de la disette et du chômage. Elle se traduit par une meilleure alimentation. Amélioration passagère qui tient au fait que les effets sociaux de la révolution industrielle ne se feront vraiment sentir que sous la Restauration. De là le souvenir d'un âge d'or, ici, aussi, laissé par le Premier Empire. Le genre de vie de l'ancienne noblesse disparaît peu à peu, à moins qu'il ne soit caricaturé par la nouvelle bourgeoisie. Il ne persiste guère qu'en province où les rescapés de la Terreur, immuables dans leur refus de ralliement à l'Empire, s'obstinent à vivre comme autrefois. Le faubourg Saint-Germain, en revanche, se garde d'ignorer la mode, même s'il reste obstinément royaliste.

Voilà consacré l'avènement de la bourgeoisie. Avec elle triomphent la raison, le sens de l'épargne et les vertus familiales. Toutefois, ces qualités, ou ces défauts, n'étaient pas inconnus sous l'Ancien Régime. En fait, de Louis XIV à Napoléon, les changements qui affectent la vie quotidienne proprement dite demeurent faibles. Il faudra la triple révolution de l'industrie, des transports et des techniques (avec notamment l'invention de l'électricité), pour que la France se transforme profondément. Mais le cadre juridique, institutionnel et idéologique est déjà en place.

Notes

PREMIÈRE PARTIE

CHAPITRE I

LE TEMPS

1. G. Thuillier, *Pour une histoire du quotidien en Nivernais au XIXe siècle*, p. 205.
2. *Idem*, p. 213.
3. *Mémoire de l'abbé Marchand sur les communes de Rahay et de Valennes en l'an IX*, publié par I. L'Hermitte, p. 82.

CHAPITRE II

DIVERSITÉS PAYSANNES

1. *La légende napoléonienne*, catalogue de l'exposition organisée par la Bibliothèque nationale en 1969, n° 161.
2. J. Godechot, *La vie quotidienne sous le Directoire*, p. 28.
3. J. Tulard, « Problèmes sociaux de la France impériale », *Revue d'Histoire moderne*, 1970, p. 642.
4. Cité par Chabert, *Essai sur l'activité économique en France*, p. 87.
5. *Mes souvenirs sur Napoléon*, p. 291.
6. Pradt, *De la culture*, t. I, p. 82.
7. Poumiès de la Siboutie, *Souvenirs*, p. 102.
8. Chabert, *op. cit.*, p. 84.

9. R. BERLAND, *Les cultures et la vie paysanne dans la Vienne à l'époque napoléonienne*, p. 220.
10. CHABERT, *op. cit.*, p. 86.
11. Session du conseil général de l'Oise en 1806.
12. LAMARTINE, *Mémoires*, p. 37.

CHAPITRE III

LES TRAVAUX DES CHAMPS

1. Cité par Ph. DELPUECH, *Le département de la Haute-Vienne sous le Consulat et l'Empire*, thèse dactylographiée, Ecole pratique des Hautes Etudes, 1968, p. 134.
2. *Idem*, p. 142.
3. FESTY, *L'agriculture sous le Consulat*, p. 76.
4. R. DURAND, *Le département des Côtes-du-Nord sous le Consulat et l'Empire*, t. II, p. 36.
5. HAUTEMULLE, *L'agriculture dans le département de Seine-et-Marne*, mémoire dactylographié, Paris-IV, 1976, p. 44.
6. Joël GODARD, *L'agriculture du département de l'Oise*, mémoire dactylographié, Paris-IV, 1977, p. 37.
7. *Annuaire du département de l'Ardèche*, p. 181.
8. GODARD, *op. cit.*, p. 40.
9. HAUTEMULLE, *op. cit.*, p. 89.
10. GODARD, *op. cit.*, p. 88. Le provignage est un mode de multiplication d'un végétal par lequel une tige aérienne s'enterre et prend racine.
11. *Idem*.
12. Constance de QUELEN, *La vie paysanne et l'agriculture en Gironde sous le Consulat et l'Empire*, mémoire dactylographié, Paris-IV, 1977, pp. 44-45.
13. *Idem*.
14. D'après DELPUECH, *op. cit.*
15. R. PASCAL, *L'indigopastel*, p. 20.
16. GODARD, *op. cit.*, p. 75.
17. FRÉNILLY, *Souvenirs*, p. 273.
18. A. JACOUD-CORBIN, *Les préfets de la Drôme sous le Consulat et l'Empire*, mémoire dactylographié, Paris-IV, 1977, p. 67.
19. R. BARON, « Les loups en Nivernais », *Mémoires de la Société académique du Nivernais*, 1971, p. 67.
20. *Idem*, p. 68.

CHAPITRE IV

LA VIE MATÉRIELLE

1. Suzanne TARDIEU, *Le mobilier rural traditionnel français*, p. 11.
2. *Idem*, p. 186.
3. Cité par CHABERT, *Essai sur les mouvements des revenus*, p. 92.
4. DARTONNE, *L'arrondissement de Gien*, Ed. B. Gitton, p. 17.
5. Nombreux exemples dans le classique *Manuel du folklore français contemporain*, de VAN GENNEP.
6. G. CLAUSE, « La caisse des incendies de la Marne, 1804-1830 », *Actes Congrès Soc. Sav.* 1972 (1977), pp. 359-382.
7. Reproduit par CHABERT, *op. cit.*, p. 92.
8. *Mémoire de l'abbé Marchand sur les communes de Rahay et de Valennes en l'an IX*, p. 83.
9. *Idem*, p. 82.
10. CHABERT, *op. cit.*, p. 91.
11. G. THUILLIER, *Aspects de l'économie nivernaise au XIX*e *siècle*, p. 57.
12. A.N. F11 705.

CHAPITRE V

LE MAIRE EN SON VILLAGE

1. Cité par BECQUEREAU, *Les préfets des Landes sous le Premier Empire*, mémoire dactylographié, Paris-IV, 1976.
2. THIBAUDEAU, *Mémoires*, p. 15.
3. SOULET, *Les premiers préfets des Hautes-Pyrénées*, p. 26.
4. THIBAUDEAU, *op. cit.*, p. 15.
5. M. MOLINIER, « Samuel Bernard, sous-préfet d'Annecy », *Revue savoisienne*, 1976, p. 58.
6. Cité par C. DUVAL d'ERMITANIS, *Les préfets des Basses-Alpes sous le Premier Empire*, mémoire dactylographié, Paris-IV, 1976.
7. Cité par MOLINIER, *op. cit.*, p. 56.
8. BOUSCAU, *Le département de la Creuse sous le Premier Empire*, mémoire dactylographié, Paris-IV, 1977.

9. A. JACOUD-CORBIN, *Les préfets de la Drôme sous le Consulat et l'Empire,* mémoire dactylographié, Paris-IV, 1977.
10. J. BOURDON, « L'administration communale sous le Consulat », *Revue des Etudes napoléoniennes,* 1914, I.
11. Cité par MOLINIER, *op. cit.,* p. 57.
12. A.N. F¹ C¹¹¹ Calvados, cité par V. GROSSET-JANIN, *L'administration du Calvados sous le Consulat et l'Empire,* mémoire dactylographié, Paris-IV, 1977.
13. SONNINI, *Manuel des propriétaires ruraux et de tous les habitants des campagnes,* 1806.
14. Dans DURAND, *Le département des Côtes-du-Nord sous le Consulat et l'Empire,* t. I, p. 253.

CHAPITRE VI

LE CHATEAU

1. RÉMUSAT, *Mémoires,* Ed. Pouthas, t. I, p. 30.
2. FRÉNILLY, *Souvenirs,* p. 259.
3. Fille de Frénilly.
4. FRÉNILLY, *op. cit.,* p. 269.
5. F. LEBERT, « La Fayette cultivateur », *Bulletin de la Société littéraire et artistique de la Brie,* 1934, pp. 139-144.
6. FRÉNILLY, *op. cit.,* p. 287.
7. Véronique REBOUL, *Le vaudeville reflet de la société impériale,* mémoire dactylographié, p. 111.
8. *Idem.*
9. *Idem.*

CHAPITRE VII

ALPHABÉTISATION ET INFORMATION

1. FURET et OZOUF, *L'alphabétisation des Français,* 1977; surtout, FLEURY et VALMARY, « Les progrès de l'instruction élémentaire de Louis XIV à Napoléon III » (cartes), *Population,* 1957, pp. 71-92.
2. Cité par Thierry THIBAULT, *Les préfets d'Indre-et-Loire, 1800-1814,* mémoire dactylographié.
3. Cité par DURAND, ainsi que d'autres rapports, dans *Le*

département des Côtes-du-Nord sous le Consulat et l'Empire, p. 514.

4. *Mémoires d'Agricol Perdiguier*, Ed. Follain, pp. 4 à 7.

5. Cité par Durand, *op. cit.*, t. I, p. 519.

6. Cité par L. Benaerts, *Le régime consulaire en Bretagne*, p. 323.

7. Citations extraites du mémoire dactylographié de F. Bouscau, *Le département de la Creuse à l'époque napoléonienne*, Paris-IV, 1977.

8. Albert Dauzat, *La vie rurale en France*, p. 99.

9. *Idem.*

10. F. Vernale, « Journal d'un paysan de Maurienne pendant la Révolution et l'Empire », *Mémoires et documents de la Société savoisienne d'Histoire et d'Archéologie*, 1914, p. 484.

11. Cf. introduction de Jean Tulard à *Napoléon, Proclamations et bulletins de la Grande Armée*, 1964.

CHAPITRE VIII

LA MALADIE ET LA MORT

1. G. Thuillier, *Pour une histoire du quotidien en Nivernais au XIXᵉ siècle* (ouvrage fondamental auquel nous devons beaucoup pour ce chapitre), p. 51.

2. *Idem*, p. 72.

3. Thierry Thibault, *Les préfets d'Indre-et-Loire*, mémoire dactylographié, Paris-IV, 1975.

4. Isabelle Bricard, *Les préfets du Loiret, 1800-1815*, mémoire dactylographié, Paris-IV, 1976.

5. F. Becquereau, *Les préfets des Landes sous le Premier Empire*, mémoire dactylographié, Paris-IV, 1976.

6. G. Vauthier, « La société maternelle sous l'Empire », *Revue des Etudes napoléoniennes*, 1914, II, p. 70.

7. D. Dinet, « Statistiques de mortalité infantile sous le Consulat et l'Empire », dans *Sur la population française au XVIIIᵉ et au XIXᵉ siècles*, p. 215.

8. Dupaquier, « Problèmes démographiques de la France napoléonienne », *Revue d'Histoire moderne*, 1970, p. 357.

9. Dinet, *op. cit.*, p. 220.

10. Plusieurs conseils généraux l'évoquent dans leurs délibérations. L'infanticide est souvent difficile à prouver. Seules se font prendre des jeunes femmes inexpérimentées, reconnaît

un préfet dans un rapport adressé au ministre de la Police générale.

11. DARQUENNE, « La dysenterie en Belgique à la fin de l'Empire », *Revue du Nord*, juillet 1970, pp. 367-373.

12. *Idem.*

13. Marie-Dominique BROCHEN, *Les préfets du Lot-et-Garonne sous le Consulat et l'Empire*, mémoire dactylographié, Paris-IV, 1976.

14. Marc BARBLAN, « La variole dans le département du Léman », *Gesnerus 31*, 1974, p. 193.

15. *Idem*, p. 200.

16. BARBLAN, « La santé publique vue par les rédacteurs de la Bibliothèque britannique, 1796-1815 », *Gesnerus*, 1975.

17. HUSSON, *Rapports sur la vaccine* (publiés chaque année par ordre du ministre de l'Intérieur depuis 1803 jusqu'en 1820).

18. Cité par G. THUILLIER, *op. cit.*, p. 100.

19. ANTOINE et WAQUET, « La médecine civile à l'époque napoléonienne », *Revue de l'Institut Napoléon*, 1976, p. 73.

20. *Dictionnaire des médecins, chirurgiens et pharmaciens* (an X) et réponses aux enquêtes dans A.N. F[17].

21. Cf. J. LÉONARD, *La vie quotidienne du médecin de province au XIXe siècle*, parue dans la même collection.

22. Une grande enquête en l'an XII met en lumière la distance topographique qui tend à s'établir entre le cimetière et le village. Un rapport, en 1805, sur le cimetière d'Echauffour dans l'Orne, indique : « On travaille à faire enclore le cimetière d'une manière convenable. Il est assez étendu et très commode pour y pratiquer des fosses de la profondeur requise. Il est très sec et les corps s'y consomment en très peu d'années. » (P. FLAMENT, *L'Abbé Lafosse, fondateur de l'Education chrétienne*, p. 177.)

23. Cité par G. THUILLIER, *Aspects de l'économie nivernaise au XIXe siècle*, p. 70.

CHAPITRE IX

LA FOI

1. VILLEPELET, « Le journal d'un curé de campagne berrichon après la Révolution », *Cahiers d'archéologie et d'histoire du Berry*, déc. 1968, p. 48.

2. *Idem*, p. 40.

3. *Mémoire de l'abbé Marchand sur les communes de Rahay et de Valennes en l'an IX*, Ed. L'Hermite, p. 83.

4. P. FLAMENT, *L'abbé Lafosse, fondateur de l'Education chrétienne*, p. 105.

5. J. LEFLON, « Le clergé de second ordre sous le Consulat et l'Empire », *Revue d'Histoire de l'Eglise de France*, 1945, pp. 97-119.

6. Ph. NASZALYI, *La reconstruction concordataire dans le diocèse de Cahors*, mémoire dactylographié, Paris-IV, 1977, p. 76.

7. VILLEPELET, *op. cit.*, p. 38.

8. Fabienne BESOMBES, *La déchristianisation en Dordogne de 1792 à 1802*, mémoire dactylographié, Paris-IV, 1977, p. 51.

9. Ph. NASZALYI, *op. cit.*, p. 116.

10. J. LEFLON, *op. cit.*, p. 115.

11. HAUTERIVE, *La police secrète du Premier Empire*, t. II, p. 48.

12. *Idem*. t. I, p. 282.

13. D. ROBERT, *Les églises réformées en France*, p. 164.

14. F. L'HUILLIER, *Recherches sur l'Alsace napoléonienne*, p. 519.

CHAPITRE X

LES PLAISIRS ET LES JEUX

1. Féaz et Hue, analysés dans TULARD, *Bibliographie critique des mémoires sur le Consulat et l'Empire*.

2. Mona OZOUF, *La Fête révolutionnaire*.

3. DARTONNE, *L'arrondissement de Gien*, p. 35.

4. LAMARTINE, *Mémoires*, p. 36.

5. FLANDRIN, *Amours paysannes* (XVIIIe-XIXe), donne de précieuses indications sur la sexualité dans les campagnes au début du siècle.

6. Arlette JACOUD-CORBIN, *Observations sur la constitution de l'état civil de la commune de Vinsobres (Drôme) de 1792 à 1815*, mémoire inédit.

7. E. LE ROY LADURIE, « Démographie et funestes secrets : le Languedoc, fin XVIIIe - début XIXe », *Annales historiques de la Révolution française*, 1965, pp. 385-399.

8. HAUTERIVE, *La police secrète du Premier Empire*, t. I, pp. 80 et 84.

9. Gros, *La Maurienne sous le Consulat et l'Empire*, p. 26.
10. Brigitte Guichard, *L'administration préfectorale du département de la Haute-Marne*, thèse Ecole des Chartes, 1978.

CHAPITRE XI

LE POIDS DE LA GUERRE :
LES RÉQUISITIONS

1. Godechot, *Les Institutions de la France sous la Révolution et l'Empire*, p. 642.
2. Lanzac de Laborie, *La domination française en Belgique*, t. II, p. 360.
3. *Idem*, p. 56.
4. Godard, *L'agriculture du département de l'Oise sous le Consulat et l'Empire*, mémoire dactylographié, Paris-IV, 1977, p. 83.
5. Gros, *La Maurienne sous le Consulat et l'Empire*, p. 152.
6. F. Vermale, « Journal d'un paysan de Maurienne pendant la Révolution et l'Empire », *Mémoires et documents de la Société savoisienne d'Histoire et de Géographie* (1914), p. 478.
7. L'Huillier, *Recherches sur l'Alsace napoléonienne*, p. 210.
8. Constance de Quelen, *La vie paysanne et l'agriculture en Gironde*, mémoire dactylographié, Paris-IV, 1977, p. 86.

CHAPITRE XII

L'OGRE ET LES CONSCRITS

1. Darquenne, *La conscription dans le département de Jemmapes*, p. 56.
2. A.N. F⁹ 141.
3. Maureau, « Le remplacement militaire de l'an VIII à 1814 d'après les registres des notaires d'Avignon », *Revue Institut Napoléon*, 1975. Tous les renseignements concernant le Vaucluse sont extraits de cet excellent article.
4. Delpuech, *Le département de la Haute-Vienne sous le Consulat et l'Empire*, thèse dactylographiée III⁰ cycle, 1968.
5. Perdiguier, *Mémoires d'un compagnon*, Ed. Follain, p. 4

6. A.N. F9 287. Rapport du 14 septembre 1806.
7. A.N. F9 286. Rapport du 18 juillet 1807.
8. *Idem*, rapport du 25 ventôse an IX.
9. *Ibidem*, rapport du 2 juin 1806.
10. A.N. F9 141. Rapport du 13 fructidor an XIII.
11. A.N. F9 286.
12. A.N. F9 303.
13. A.N. F9 301.
14. A.N. F7 6126.
15. *Idem*.
16. *Ibidem*.
17. A.N. F9 300.
18. DELPUECH, *op. cit.*
19. F9 303.
20. F9 263.

DEUXIÈME PARTIE

CHAPITRE I

LES ROUTES

1. Cité par PETOT, *Histoire de l'administration des Ponts et Chaussées*, p. 405.
2. BOUSCAU, *Le département de la Creuse à l'époque napoléonienne*, mémoire dactylographié, Paris-IV, 1977, p. 60.
3. ROCQUAIN, *L'état de la France au 18 brumaire*, pp. 54 et suiv.
4. MOLÉ, *Mémoires*, cité par PETOT, p. 421.
5. PETOT, *op. cit.*, p. 426.
6. ROCQUAIN, *Etat de la France*, p. 324.
7. PALLUEL, « Le Consulat et l'aménagement des cols alpins », *Revue de l'Institut Napoléon*, 1969, pp. 139-149.
8. On trouvera la carte des routes dans F. de DAINVILLE et J. TULARD, *Atlas administratif du Premier Empire*.
9. A.N. F14 1252.

CHAPITRE II

COMMENT VOYAGER?

1. *Itinéraire complet de l'Empire français*, t. I, p. 18.
2. *Carnet de route d'un grognard.*
3. CAVAILLÈS, *La route*, p. 231.
4. *Souvenirs d'un médecin de Paris*, p. 80.
5. *Journal de campagne d'un cousin de l'Impératrice*, p. 181.

CHAPITRE III

QUI VOYAGE?

1. Le mot n'apparaît qu'en 1816. Ce sont les *Mémoires d'un touriste* de Stendhal qui l'imposeront.

2. Sur le thermalisme, cf. BOUILLON-LAGRANGE, *Essai sur les eaux minérales* (1811). Aix-les-Bains dont l'exploitation des eaux est affermée depuis l'an IX connaît un grand succès : de 500 curistes en 1800, on est passé à 1200 en 1809 (PALLUEL, « Une grande station thermale sous l'Empire », *Revue de l'Institut Napoléon*, 1966).

3. BALDET, *La vie quotidienne dans les armées de Napoléon*, p. 43.

4. VAUX de FOLETIER, « La grande rafle des Bohémiens du Pays basque sous le Consulat », *Etudes tsiganes*, 1968.

5. Agricol PERDIGUIER, *Mémoires d'un compagnon*, Ed. Follain, p. 33.

6. Cité par L. CHEVALIER, *La formation de la population parisienne*, p. 217. Jolie évocation de leur arrivée à Paris dans *Le Père Lantimèche* (1805), p. 78.

7. CHÂTELAIN, « Résistance à la conscription et migration temporaire », *Annales historiques de la Révolution française*, 1972, p. 615.

8. A.N. F^{14} 1269.

9. VAILLÉ, *Histoire des postes depuis la Révolution*, 1947, ch. II.

10. A.N. F^7 3845-3873.

11. *Des canaux de navigation*, 1818.

CHAPITRE IV

CEUX QUI VIVENT DE LA ROUTE

1. Maurice de TASCHER, *Journal*, p. 181.
2. Cette citation et les suivantes sont extraites de l'*Itinéraire complet de l'Empire français*.
3. Cité par HÉMARDINQUER dans *Revue d'Histoire économique et sociale*, 1975, p. 299.
4. CAVAILLÈS, *La route*, p. 218.
5. Ces lois sont reproduites dans l'*Etat général des postes et relais*, 1811.
6. Sur un type de maréchal-ferrant cabaretier, cf. F. BEAUCOUR, « L'arrêt de Napoléon Ier à Buigny-Saint-Maclou le 30 messidor, an XII », *Bulletin de la Société d'émulation historique et littéraire d'Abbeville*, 1977, p. 223.
7. F. ROCQUAIN, *L'état de la France au 18 brumaire*, p. 147.
8. J. TULARD, « Quelques aspects du brigandage sous l'Empire », *Revue de l'Institut Napoléon*, 1966

TROISIÈME PARTIE

CHAPITRE I

LA VIE BOURGEOISE

1. VOVELLE et ROCHE, « Bourgeois, rentiers, propriétaires », *84e congrès Sociétés Savantes*, 1959, p. 420.
2. Sur la rente et les tontines : J. TULARD, *Nouvelle histoire de Paris : le Consulat et l'Empire*, p. 57.
3. Ils sont conservés aux Archives de Paris.
4. DAUMARD, *Maisons de Paris et propriétaires parisiens au XIXe siècle*.
5. L. TRÉNARD, *Lyon de l'Encyclopédie au Préromantisme*, pp. 766-779.

6. NEMNICH, *Une enquête économique dans la France impériale*, p. 92.

7. HARSANY, *La vie à Strasbourg sous le Consulat et l'Empire*, ch. I.

8. Ch. PROCUREUR, *Pigault-Lebrun, témoin du Premier Empire* (mémoire dactylographié, Paris-IV, 1977) donne une analyse sociale de cette œuvre.

9. Citations extraites de Véronique REBOUL, *Le vaudeville, reflet de la société impériale*, mémoire dactylographié, Paris-IV, 1976.

10. KRAFT et RANSONNETTE, *Plans, coupes et élévations...* (1800-1802).

11. J. TULARD, *op. cit.*, p. 62.

12. N. CELESTIN, « Le notariat parisien sous l'Empire », *Revue d'Histoire moderne*, 1970, p. 707.

13. STENDHAL, *Œuvres intimes*, la Pléiade, p. 601.

14. L. BERGERON, « Les médecins et l'élite des grands notables départementaux », *Annales*, 1977, pp. 863-864; sur les listes de notabilité de 72 départements, on ne compte que 84 notables; ce qui est peu. La majorité a des revenus entre 1 000 et 6 000 francs. Rares sont ceux qui dépassent 12 000 francs, mais des médecins sont maires de Dijon, Cherbourg et Granville.

15. POUMIÈS de la SIBOUTIE, *Souvenirs d'un médecin de Paris.*

16. V. REBOUL, *op. cit.*

17. *Idem.*

18. LAQUIANTE, *Un hiver à Paris sous le Consulat*, p. 363.

19. M. AGULHON, *Le cercle dans la France bourgeoise (1810-1848)* et l'étude de R. BIED sur le Salon de Constance de Salm dans la *Revue de l'Institut Napoléon*, 1977.

20. En attendant la publication des travaux de Mme d'Arneville, cf. SCHOMMER, « Joséphine amateur de jardins à la Malmaison », *Revue de l'Institut Napoléon*, 1964.

21. LAQUIANTE, *op. cit.*, p. 363.

22. Journal de Mme Moitte, cité par Mme ROUSSEAUX-BERRENS, « La gastronomie à Paris sous le Consulat et l'Empire », *Revue de l'Institut Napoléon*, 1962, p. 11.

23. Outre l'article de Mme ROUSSEAUX-BERRENS cité à la note précédente, J.-P. ARON, *Le mangeur au XIXe siècle.*

24. V. REBOUL, *op. cit.*

25. GERBOD, *La vie quotidienne dans les lycées au XIXe siècle.*

26. J. BERTAUT, *La vie à Paris sous le Premier Empire*, p. 125.

27. CHALINE, *Deux bourgeois en leur temps*, p. 77.

28. LANZAC de LABORIE, *Paris sous Napoléon*, t. III, p. 251. L'idée avait été développée dans un mémoire du 15 messidor an XII (A.N. F⁷ 4283 : « La surveillance qu'exige cette classe

d'individus devenue par les progrès du luxe une des plus nombreuses de Paris, a été beaucoup trop négligée jusqu'à ce jour. Il n'y a pas eu de troubles politiques dans lesquels elle n'ait joué un rôle plus ou moins saillant. Elle se compose d'êtres presque toujours étrangers à la ville où ils viennent à l'envi chercher un refuge contre les travaux honorables de la campagne ou de l'état militaire; devenus pour la plupart étrangers à leur propre famille, changeant de maître comme de vêtement, ils paraissent d'autant plus susceptibles d'une surveillance particulière qu'ils sont en général dégagés de tous liens sociaux. »

CHAPITRE II

LA VIE DE BUREAU

1. YMBERT, *Mœurs administratives*, cité par Thuillier, *Témoins de l'administration*, p. 136.
2. VIVIEN, *Etudes administratives*.
3. THUILLIER, *Témoins de l'administration*, p. 25.
4. *Souvenirs de Pierre Foucher*, p. 128.
5. THUILLIER, *op. cit.*, p. 70. Du même auteur, *La vie quotidienne dans les ministères au* XIXe *siècle*.
6. G. NAUD, « Les employés du département de la Sarthe, 1790-1818 », *Actes Congrès Soc. Savantes*, 1972, t. II, pp. 209-227.
7. J. TULARD, « Les directeurs de ministère sous le Consulat et l'Empire » in *Les directeurs de ministère en France* (XIXe-XXe *siècles)*.
8. LANZAC de LABORIE, *Paris sous Napoléon*, t. IV, p. 383.

CHAPITRE III

LES OUVRIERS

1. O. DAILLAND, *Le département de la Loire, 1800-1815*, mémoire dactylographié, p. 126.
2. J. ROUSSEAU, *Les manufactures d'armes sous la Révolution et l'Empire*, thèse Ecole pratique des Hautes Etudes, IVe section.

3. Godard, *L'agriculture dans le département de l'Oise*, mémoire dactylographié, Paris-IV, 1977, p. 20.

4. Clause, *Cardeurs et fileurs de laine à Reims en 1812*, Colloque Association interuniversitaire de l'Est, 1972.

5. Cité dans Tulard, *Nouvelle Histoire de Paris : Le Consulat et l'Empire*, p. 99.

6. *Idem*, p. 98.

7. Trénard, *Lyon de l'Encyclopédie au Préromantisme*, p. 776.

8. Chabert, *Essai sur le mouvement des revenus et de l'activité économique*, p. 163.

9. Jouy, *L'Ermite de la Chaussée d'Antin*, t. I, p. 17.

10. Biraben, « Causes des décès sous la Révolution et l'Empire », *Mélanges Reinhard*, p. 69.

11. Aulard, *Paris sous le Premier Empire*, t. III, pp. 828-847.

12. Chabert, *op. cit.*, p. 363.

13. Darnis, *L'administration des monnaies à Paris sous le Consulat et l'Empire*, thèse IIIe cycle, Université de Paris-IV, 1977.

14. G. Thuillier, « La crise monétaire de l'automne 1810 », *Revue historique*, 1967.

15. Thibaudeau, *Mémoires*, p. 311.

CHAPITRE IV

LA CLASSE DANGEREUSE

1. Frégier, *Des classes dangereuses de la population dans les grandes villes*, 1840.

2. Archives de l'Assistance publique.

3. Vauthier, « Les soupes économiques », *Revue des Etudes napoléoniennes*, 1931, p. 43.

4. Duquesnoy, *Des secours à domicile*, p. 38.

5. *Correspondance de Napoléon*, n° 13096.

6. *Idem*, n° 13358.

7. Arch. Préf. Po. D//B 428.

8. Higgs, « Le dépôt de mendicité de Toulouse », *Annales du Midi*, 1974, pp. 403-417.

9. Cité par Lanzac de Laborie, *Paris sous Napoléon*, t. III, p. 213.

10. Bulletin du 15 mai 1807, dans Hauterive, *La police secrète du Premier Empire*, t. III, p. 246.

11. H. TULARD, « L'Aveugle du bonheur », *Vigilat*, 1956, n° 19, pp. 4-8.
12. Cf. les rapports de police publiés dans AULARD, *Paris sous le Consulat.*
13. R. DUFRAISSE, *La contrebande sous le Consulat et l'Empire*, thèse dactylographiée, Ecole pratique des Hautes Etudes, IVe section.
14. DURAND, « Le régime du port d'armes pendant le Premier Empire », études offertes à Alfred Jauffret, 1974, p. 247.
15. ALLARD, *Annuaire du département de la Seine*, 1805.
16. PARENT-DUCHATELET, *De la prostitution dans la ville de Paris*, 1837.
17. Arch. Préf. Po. D//B 408.
18. *Idem.*
19. PASQUIER, *Mémoires*, t. I, p. 459.
20. AULARD, *Paris sous l'Empire*, t. II, p. 12.
21. *Miroir...*, t. II, p. 263.

CHAPITRE V

LA VIE MILITAIRE

1. HOUDAILLE, « Analyse par sondage d'un régiment de la Grande Armée », *Revue de l'Institut Napoléon*, 1967.
2. J. TULARD, « Problèmes sociaux de la France napoléonienne », *Revue d'Histoire moderne*, 1970, p. 654.
3. Colonel de NANTEUIL, *Le comte Daru*, pp. 242-243.
4. A.N. 133 AP.
5. BLAZE, *La vie militaire sous le Premier Empire*, p. 43.
6. *Idem*, chapitre XV. Cf. les lettres du grognard Michaud publiées par Maurice RÉIBLE dans la *Revue de l'Institut Napoléon*, 1979, qui confirment le jugement de Blaze : « Nous sommes bien vêtus; on nous a donné des capotes neuves et qui sont d'un fort beau drap. Il ne nous manque que des chemises. Si j'avais de l'argent, j'en achèterais mais je n'ai pas encore reçu l'argent que vous m'avez envoyé et je ne sais quand je le recevrai », écrit Michaud le 8 février 1808.
7. Nous renvoyons à l'ouvrage de BALDET, *La vie quotidienne dans les armées de Napoléon*, 1964.
8. AULARD, *Paris sous l'Empire*, t. I, p. 93.
9. *Correspondance de Napoléon*, n° 13199.
10. Cf. la lettre à Mollien, *Correspondance*, n° 13900.

11. Cité par Canton, *Napoléon antimilitariste*, p. 142.

12. Thiébault, *Mémoires*, t. III, p. 209.

13. Cité par Canton, *op. cit.*, p. 159.

CHAPITRE VI

LES FRANÇAIS HORS DE FRANCE

1. Nemnich, *Une enquête économique dans la France impériale*, p. 92.

2. Puymaigre, *Souvenirs*, p. 131.

3. Barthélémy, *Souvenirs d'un ancien préfet*, p. 72.

4. Comte de Plancy, *Souvenirs*, p. 46.

5. *Idem*, p. 45.

6. Barthélémy, *op. cit.*, p. 73.

7. Puymaigre, *op. cit.*, p. 141.

8. Barthélémy, *op. cit.*, p. 75.

9. Puymaigre, *op. cit.*, pp. 123-124.

10. R. Chabanne, *Napoléon, son code et les Allemands, Etudes offertes à Jacques Lambert*, p. 397.

11. Miot de Mélito, *Mémoires*, t. II, p. 283.

12. Cette citation et les suivantes sont extraites de la thèse de doctorat de R. Fonville, *Un général jacobin, Claude François Ignace Michaud*, dactylographiée, Besançon, 1977. Cf. aussi Cl. Goasguen, *Les Français au service de l'étranger sous le Premier Empire* (thèse dactylographiée de Paris-II), sur le décret du 26 août 1811.

13. *Souvenirs de Maurice Duviquet*, p. 263.

14. Catalogue d'autographes Marc Loliée, LVIII, n° 14.

15. Puymaigre, *op. cit.*, p. 133.

16. Y. Zéphirin, « Un sculpteur franc-comtois à Paris : Jean-Baptiste Boiston », *99ᵉ congrès national des Sociétés savantes*, 1974, p. 157.

CHAPITRE VII

LA COUR

1. Cité par J. Mongrédien, « La chapelle impériale des Tuileries », *Revue de l'Institut Napoléon*, 1977, p. 118.

2. J. Margerand, *Les aides de camp de Bonaparte.*

3. Lachouque, *Bonaparte et la cour consulaire,* p. 140.

4. Mme de Rémusat, *Mémoires,* t. I, p. 174.

5. Stenger, *La société française pendant le Consulat,* t. I, p. 348.

6. B. Foucart, Catalogue de l'exposition *Feux d'artifice et illuminations sous le Premier Empire,* Bibliothèque Marmottan, 1977.

7. Lanzac de Laborie, *Paris sous Napoléon,* t. III, p. 93.

8. A.N. O² 150.

9. *Cérémonial de l'Empire français,* 1805. Cf. aussi Zieseniss, « La Cour impériale », *Souvenir Napoléonien,* 1978.

10. J. Bertaut, *La vie à Paris sous le Premier Empire,* p. 65.

11. Cf. aussi F. Masson, *Napoléon chez lui,* nouvelle édition, 1977.

SOURCES

Les documents inédits cités dans ce livre ont été essentiellement tirés des sous-séries F⁷, F⁹, F¹¹, F¹² et O² des Archives
nationales.

Largement utilisés, les Mémoires des contemporains n'en
appellent pas moins des réserves (cf. J. TULARD, *Bibliographie
critique des mémoires sur le Consulat et l'Empire*, 1971). Il est
permis de leur préférer les relations de voyage écrites par des
étrangers (Nemnich, Clary-et-Aldringen), ou les correspondan-
ces familières.

Ce livre doit beaucoup aux mémoires et thèses dirigés par
l'auteur à la IVᵉ section de l'Ecole pratique des Hautes Etudes
et à l'université de Paris-IV. Ils sont indiqués dans les notes.
Demeurés malheureusement dactylographiés pour la plupart,
ils sont de consultation difficile faute d'un dépôt légal.

Sur la vie quotidienne, outre les ouvrages bien vieillis de
Gilbert STENGER, *La France sous le Consulat* (1902-1908) et
J. ROBIQUET, *La vie quotidienne au temps de Napoléon* (nom-
breuses rééditions), il existe de bonnes études régionales :
— F. L'HUILLIER, *Recherches sur l'Alsace napoléonienne*,
  1947.
— L. TRENARD, *Lyon de l'Encyclopédie au Préromantisme*,
  1958.
— Cl. FOHLEN, *Histoire de Besançon*, t. II, 1965.
— *Histoire de Bordeaux*, t. V, 1968.
— M. AGULHON, *La vie sociale en Provence intérieure au len-
  demain de la Révolution*, 1970.
— A. VION, *La vie calaisienne sous le Consulat et l'Empire*,
  1972.
— A. MAUREAU, *Souvenirs du Consulat et de l'Empire dans le
  Vaucluse*, 1976.

— J. Vidalenc, *Textes sur l'histoire de la Seine-Inférieure à l'époque napoléonienne*, 1976.

et surtout :

— F. Harsany, *La vie à Strasbourg sous le Consulat et l'Empire*, 1976.

Mais c'est Paris qui a suscité le plus grand nombre de livres :

— H. d'Alméras, *La vie parisienne sous le Consulat et l'Empire*, (s.d.).
— Lanzac de Laborie, *Paris sous Napoléon*, 8 vol., 1905-1911.
— J. Bertaut, *La vie à Paris sous le Consulat et l'Empire*, 1943.
— J. Tulard, *Nouvelle Histoire de Paris : le Consulat et l'Empire*, 1970.

TABLE

311

IMPRIMÉ EN FRANCE PAR BRODARD ET TAUPIN
7, bd Romain-Rolland - Montrouge - Usine de La Flèche.
LIBRAIRIE GÉNÉRALE FRANÇAISE - 14, rue de l'Ancienne-Comédie - Paris.
ISBN : 2 - 253 - 03159 - 3